**华东政法大学
65周年校庆文丛编委会**

主　任　曹文泽　叶　青
副主任　顾功耘　王　迁
委　员　（以姓氏笔画为序）
　　　　　马长山　王立民　朱应平　刘　伟　孙万怀
　　　　　杜　涛　杜志淳　杨忠孝　李　峰　李秀清
　　　　　肖国兴　吴新叶　何益忠　何勤华　冷　静
　　　　　沈福俊　张　栋　张明军　陈　刚　陈金钊
　　　　　林燕萍　范玉吉　金可可　屈文生　贺小勇
　　　　　徐家林　高　汉　高奇琦　高富平　唐　波

华东政法大学65周年校庆文丛

城乡收入差距分析及其治理

以农民进城为背景

杨竹莘 / 著

社会科学文献出版社
SOCIAL SCIENCES ACADEMIC PRESS (CHINA)

本研究获得以下资助：

国家自然科学基金项目（项目编号：41571116）

教育部人文社会科学研究规划基金项目（项目编号：13YJAZH075）

上海市教委科研创新重点项目(项目编号：13ZS119)

崛起、奋进与辉煌

——华东政法大学 65 周年校庆文丛总序

2017 年,是华东政法大学 65 华诞。65 年来,华政人秉持着"逆境中崛起,忧患中奋进,辉煌中卓越"的精神,菁莪造士,械朴作人。学校始终坚持将学术研究与育人、育德相结合,为全面推进依法治国做出了巨大的贡献,为国家、社会培养和输送了大量法治人才。一代代华政学子自强不息,青蓝相接,成为社会的中坚、事业的巨擘、国家的栋梁,为社会主义现代化和法治国家建设不断添砖加瓦。

65 年栉风沐雨,华政洗尽铅华,砥砺前行。1952 年,华政在原圣约翰大学、复旦大学、南京大学、东吴大学、厦门大学、沪江大学、安徽大学、上海学院、震旦大学 9 所院校的法律系、政治系和社会系的基础上组建而成。历经 65 年的沧桑变革与辛勤耕耘,华政现已发展成为一所以法学为主,兼有政治学、经济学、管理学、文学、工学等学科的办学特色鲜明的多科性大学,人才培养硕果累累,科研事业蒸蒸日上,课程教学、实践教学步步登高,国际交流与社会合作事业欣欣向荣,国家级项目、高质量论文等科研成果数量长居全国政法院校前列,被誉为法学教育的"东方明珠"。

登高望远,脚踏实地。站在新的起点上,学校进一步贯彻落实"以人为本,依法治校,质量为先,特色兴校"的办学理念,秉持"立德树人,德法兼修"的人才培养目标,努力形成"三全育人"的培养管理格局,培养更多应用型、复合型、高素质的创新人才,为全力推进法治中国建设和高等教育改革做出新的贡献!

革故鼎新,继往开来。65 周年校庆既是华东政法大学发展史上的重要里程碑，也是迈向新征程、开创新辉煌的重要机遇。当前华政正抢抓国家"双一流"建设的战略机遇，深度聚焦学校"十三五"规划目标，紧紧围绕学校综合改革"四梁八柱"整体布局，坚持"开门办学、开放办学、创新办学"发展理念，深化"教学立校、学术兴校、人才强校"发展模式，构建"法科一流、多科融合"发展格局，深入实施"两基地（高端法律及法学相关学科人才培养基地、法学及相关学科的研究基地）、两中心（中外法律文献中心、中国法治战略研究中心）、一平台（'互联网+法律'大数据平台）"发展战略，进一步夯实基础、深化特色、提升实力。同时，华政正着力推进"两院两部一市"共建项目，力争到本世纪中叶，把学校建设成为一所"国际知名、国内领先、法科一流、多科融合、特色鲜明、创新发展，推动法治文明进步的高水平应用研究型大学和令人向往的高雅学府"。

薪火相传，生生不息。65周年校庆既是对辉煌历史的回望、检阅，也是对崭新篇章的伏笔、铺陈。在饱览华政园风姿绰约、恢弘大气景观的同时，我们始终不会忘却风雨兼程、踏实肯干的"帐篷精神"。近些年来，学校的国家社科基金法学类课题立项数持续名列全国第一，国家社科基金重大项目和教育部重大项目取得历史性突破，主要核心期刊发文量多年位居前茅。据中国法学创新网发布的最新法学各学科的十强排名，学校在法理学和国际法学两个领域排名居全国第一。当然我们深知，办学治校犹如逆水行舟，机遇与挑战并存，雄关漫道，吾辈唯有勠力同心。

为迎接65周年校庆，进一步提升华政的学术影响力、贡献力，学校研究决定启动65周年校庆文丛出版工作，在全校范围内遴选优秀学术成果，集结成书出版。文丛不仅囊括了近年来华政法学、政治学、经济学、管理学、文学等学科的优秀学术成果，也包含了华政知名学者的个人论文集。这样的安排，既是对华政65华诞的献礼，也是向广大教职员工长期以来为学校发展做出极大贡献的致敬。

65芳华，荣耀秋菊，华茂春松，似惊鸿一瞥，更如流风回雪。衷心祝愿华政铸就更灿烂的辉煌，衷心希望华政人做出更杰出的贡献。

华东政法大学65周年校庆文丛编委会
2017年7月

目录

第一章 研究意义、背景及相关理论 …………………………………… 1
 一 研究意义及背景 …………………………………………………… 1
 二 相关理论述评 ……………………………………………………… 5

第二章 中国城乡收入差距的测度、现状与影响因素 ………………… 15
 一 中国城乡收入差距的测度与比较 ……………………………… 15
 二 中国城乡收入差距的现状及历程 ……………………………… 18
 三 中国城乡收入差距的影响因素与比较 ………………………… 21

第三章 农民进城背景下劳动力流动与城乡收入差距 ………………… 26
 一 劳动力流动的概念与动因、背景与现状 ……………………… 26
 二 劳动力流动对城乡收入差距影响的实证研究
   ——来自安徽阜阳的案例分析 ………………………………… 30
 三 劳动力流动的效应及政策 ……………………………………… 35

第四章 城镇化与城乡收入差距 ………………………………………… 42
 一 我国城镇化背景及发展历程 …………………………………… 43
 二 城镇化与产业结构、劳动力流动 ……………………………… 46
 三 城镇化与城乡收入差距的实证研究
   ——以浙江省为例 ……………………………………………… 50

第五章 城乡一体化与城乡收入差距
   ——以长三角地区（16个城市）为例 ………………………… 66
 一 长三角及其发展历史简介 ……………………………………… 66

二　城乡一体化相关理论 …………………………………… 68
三　长三角地区城乡一体化水平测度 …………………………… 71
四　城乡收入差距影响的实证分析
　　——基于长三角地区（16个城市）的调查 ……………… 77
五　长三角地区城乡收入差距缩小及一体化进程的影响因素 …… 81
六　长三角城乡一体化及缩小城乡收入差距的
　　路径选择及政策建议 ……………………………………… 87

第六章　农民财产性收入的土地流转政策对农民增收的影响 ……… 92
一　农村土地流转概述 ……………………………………… 93
二　土地流转发展历程与背景 ……………………………… 96
三　土地流转对农民收入的影响 …………………………… 97
四　总结 …………………………………………………… 103

第七章　农民财产性收入的农村集体经营性建设用地入市、
**　　　　收益改革政策分析**
**　　　　——基于沪浙川试点的调查** ………………………… 105
一　政策背景与相关概念 …………………………………… 106
二　基于沪浙川试点调查的案例研究 ……………………… 108
三　完善和加强收益分配机制建设的策略 ………………… 115

第八章　有效平抑城乡收入差距的策略及政策建议 ………………… 120
一　引导农民工返乡创业的政策支持 ……………………… 120
二　加快土地流转制度的完善及实践，
　　提高农民财产性收入 ……………………………………… 123
三　建立健全农村养老保险制度及农民工城市待遇 ………… 125
四　改变城市偏向的财政支付政策，缩小城乡收入差距 …… 127
五　加快城市化进程，合理引导劳动力向城镇流动的
　　改制举措 ………………………………………………… 129
六　放宽城市户口准入政策，为户籍制度改革提速 ………… 132
七　加快产业结构调整，提高农民工
　　在第二、第三产业的就业比重 …………………………… 136

第九章　结论 ·· 138
　一　城乡差距指标测度、现状特征及原因探析 ·············· 138
　二　农民进城背景下劳动力流动与城乡收入差距研究 ········ 139
　三　城市化进程对城乡收入差距的影响 ···················· 142
　四　产业结构调整、经济一体化对城乡收入差距的影响
　　　　——以长三角地区（16个城市）为例 ················ 142
　五　基于农民财产性收入的土地流转政策与农民增收研究 ···· 143
　六　基于农民财产性收入的农村集体经营性建设用地入市、
　　　收益改革政策分析
　　　　——基于沪浙川试点的调查 ························ 145
　七　有效平抑城乡收入差距的策略及政策建议 ·············· 145

参考文献 ·· 146

第一章　研究意义、背景及相关理论

一　研究意义及背景

中国改革开放30多年来，在取得令世人瞩目成果的同时，也凸显出诸多矛盾和不和谐因素。其中，中国区域发展的不平衡、贫富差距过大是目前中国社会存在的主要不和谐因素之一。城乡收入差距是发展中国家城市化、工业化过程中的普遍现象，是城市偏向政策的产物，特别是20世纪90年代以来城乡收入差距不断扩大，2010年城乡收入差距达到了3.3∶1，而世界城乡收入差距平均是1.8∶1，对比世界平均水平，差距较为明显。每年春节上亿人次往返于乡村与城市之间，呈现候鸟般迁移的"民工潮"，也是当今世界上最庞大的，只有中国才有的"人流"现象。至2016年1月中央一号文件发布，政府已经连续十三年聚焦"三农"，平抑城乡收入差距成为当务之急。有差距就有流动，适当的差距本可以带来动力和创新，但过大的差距不仅影响经济增长，而且不利于社会和谐和稳定。本书从"农民进城"这个普遍社会现象切入，一方面从城镇化农村劳动力输出进城农民市民化（同时农民收入增加）入手，缩小户籍统计上的城乡差距；另一方面提高农民的农村土地收益，主要是财产性收入的制度改革，双管齐下，探究劳动力流动、城市化进程在平抑城乡差距路径中的作用及由此产生的政府政策的行为选择。寄希望通过本书的研究：一为区域和城市经济学的理论发展添砖加瓦；二为数学及计量方法在城市经济学上的应用做一些探索；三为新农村建设和改革，为涉及农民利益的土地流转等法律法规政策的进一步完善做一点探讨；四为平抑城乡收入差距、构建和谐社会环境、实现经济可持续发展及政府有关部门制定区域和城乡协调发展政策提供一定依据。

（一）国内研究现状

20世纪90年代以来，随着中国地区收入差距的急剧扩大，国内学者对城乡收入差距的关注度越来越高。中国城乡收入差距目前处于何种水平，发展趋势如何，目前的研究得出了基本一致的结论：第一，我国城乡收入差距水平比西方发达国家和绝大多数发展中国家都高，城乡收入差距问题突出；第二，总体来看，改革开放以来，城乡收入差距具有不断扩大的趋势，而整体收入分配不均中城乡收入差距的比重越来越大。陈宗胜、周云波（2002a）采用了"基尼系数分步分解法"和"城乡加权法"对中国总体收入差距进行分解，结果显示，总体收入差距中1988～1999年城乡收入差距的贡献超过了一半，总体收入差距增加值中城乡收入差距的增加值的贡献更是超过了80%，因此可以说城乡收入差距及其变动构成了总体收入差距及其变动的主体。蔡昉、杨涛（2000）对比了世界上36个国家的农业和非农业标准劳动者的收入比率，发现国际上大多数国家这一指标都低于1.5，而中国的这一指标却长期维持在2～3，说明中国城乡收入差距要比国际水平高得多。

从国际比较来看，中国城乡收入差距居世界首位。中国城乡居民收入差距高于世界平均水平，城乡收入差距对总体收入差距的贡献度不断上升，中国城乡收入差距呈现地带性分布，西部地区收入差距大于中东部地区收入差距。王小鲁、樊纲（2004）根据1996～2002年我国30个省、自治区（缺西藏）、直辖市的数据进行实证研究，预测在今后相当长时期内随着人均GDP水平上升，城乡间收入差距将继续保持上升趋势。宋士云（2013）研究得出2002～2010年城镇居民的可支配总收入在我国居民收入中占有的比例不断加大。城乡居民收入比在2010年为3.31∶1，城乡居民收入差距在未来一段时间内仍然难以消除。

在结合统计数据的基础上，上述文献利用各种指标测度了我国城乡收入差距及其发展趋势,得出的结论一致:城乡收入差距已成为我国居民总收入差距的主体,且呈现持续上升的趋势;城乡收入差距水平的变动是我国总体收入差距变动的主导因素。施航宗(1997),陆铭(2004),张藕香、张军政(2007),杨眉(2006),黄素心、王春雷(2009)等研究认为城乡区域收入差距对中国总体收入差距的贡献率为50%~70%,消除城乡差距,至少可以消除50%以上的不均等。

关于城乡收入差距原因及差距缩小的路径和战略选择的研究学者有吕炜等(2010),林毅夫(2007),蔡昉、都阳、王美艳(2003),蔡昉(2000),万广华、陆铭、陈钊(2005),张红宇(2004),张嫘、方天堃(2007),曹安国(2007)等。他们认为城市化、二元结构都与城乡收入差距呈正相关,我国选择赶超战略而导致内生的城市偏向不公平政策,明显抑制了农村消费,政府行为极大地影响了居民消费行为,使得城乡差距扩大。另外,他们提倡发挥我国劳动力丰富这一具有比较优势的发展战略。陆铭、陈钊(2004)利用1987~2001年的省级面板数据,姚耀军(2005)利用中国1978~2002年的时间序列数据,基于VAR模型证实,城市化在短期内对缩小城乡收入差距具有积极的作用。另有学者如程开明、李金昌(2007)却认为我国的城市化导致城乡收入差距进一步拉大。短期来看,西部金融发展显著地构成了城乡收入差距扩大的格兰杰原因,但这种因果关系在东部地区并不显著。总体来看,这些研究对我们进一步了解城乡收入差距产生的机理提供了帮助。

关于劳动力流动、城市化对城乡差距的平抑的实证研究学者有王小鲁、樊纲(2004),朱国林、范剑勇、严燕(2002),敖荣军(2005)等。其中蔡昉、王德文、都阳(2001),姚枝仲、周素芳(2003),马颖、朱红艳(2007),郭军华(2009)等认为劳动力市场扭曲阻碍劳动力流动并造成地区差距,劳动力流动是平抑中国区域收入差距重要和最有效的路径,其相对政府转移支付等政策对生态环境的影响成本更小(吕力、高鸿鹰,2005),与收入分配政策相比更有效(李实,2005;2007)。不过也有相反的结论,张庆、管晓明(2006)通过数据检验发现,1983~2003年我国农村剩余劳动力的大量转移增加了农民收入,但并没有减小城乡收入差距,原因可能在于户籍制度的障碍以及农业投资的不足(蔡昉、王德文，2005）。李实、赵人伟、张平（1998）认为农民进城抑制了城镇内部非技术职工的工资过快增长的势头，缓解了城乡收入差距的扩大。郭军华（2009）选取1978～2007年中国30个省份的面板数据证实：我国东、中、西部城市化与城乡收入差距之间具有长期均衡关系，二者并非简单相对应地促进或者抑制，其效应还要取决于城乡收入差距本身的水平。陆铭、陈钊（2004），贾小玫、周瑛（2006）基于省级面板数据估计认为，城市化对降低统计上的城乡收入差距有显著的作用。

还有不少研究借助新经济地理学分析框架和模型，沿着劳动力跨区域流动—经济集聚及其收入效应—收入差异主线展开，揭示劳动力流动与地区收入差距之间存在着内生性关系（Krugman，1991；刘安国、杨开忠、谢燮，2005）。赵伟、李芬（2007）进一步证实劳动力流动与劳动力的异质性有关，高技能劳动力的流动能导致地区收入差距进一步扩大，而低技能劳动力的流动可延缓地区收入差距的扩大。

（二）国外研究现状

由于发达国家城市化率基本已超过70%，城乡收入差距矛盾不突出，近年来国外关于这方面的研究较少且多以中国为案例。Alesina、Perotti（1996）利用71个国家1960～1985年的样本数据，对收入分配不均等影响经济增长的假说进行验证表明，过高的收入差距会造成一种不确定性的国内政治经济环境，从而导致投资的下降，最后影响到经济增长。刘易斯等人证明城乡收入差距促进了城乡之间劳动力的流动，城市化缩小了城乡收入差距。农村人口自由流动的限制性条件，扩大了城乡收入差距（Roberts，2007）。腾田昌久研究认为，虽然城乡劳动者福利均有所增长，但福利差距将会扩大。

Adam通过对埃及家庭样本的研究认为，劳动力流动加剧了埃及的收入不平等现象。Martin和Taylor均得出，劳动力流动也伴随着附着于劳动力身上的物质资本和人力资本的流动，降低了流出地的劳动生产率及收入水平，反而扩大了城乡间的收入差距。发达地区流出的劳动力一般是家庭收入偏低的，欠发达地区流出的劳动力一般是家庭收入偏高的。他们认为农村劳动力流动对欠发达地区而言有可能会扩大城乡收入差距，农村劳动力的流出有一定的副作用，而发达地区的人口流动可以缩小收入差距。但欠发达地区流出劳动力是这些地区家庭收入偏高的原因这一结论未必如实。

国外学者多从聚集经济和内生增长理论角度研究，鉴于中国特殊的国情和体制，他们的结论也有待检验。大多数研究者认同：跨区域的劳动力流动影响城乡收入差距，对缩小地区经济差距做出了贡献，但影响大小受到输入地城市化水平的制约，城乡间收入差距在未来较长时间有可能继续保持扩大的趋势。不过定量分析在差距度量指标、影响大小结论上存在争议，对近十年的实证比较研究缺乏，对平抑差距的路径探讨，特别是政府作用和应对机制的研究还很不完善。对城市间、农村间是否有区域收敛现象，演变趋势如何，以及特定的经济区域，如"长三角""珠三角""环渤海"区域是否存在"俱乐部"收敛现象的研究文献很少。众多迹象表明，长三角地区已具有"俱乐部"收敛的初步特征。

本书拟以部分省份为例，依循二、三产业结构调整—城市化进程—劳动力流动这一主线，探讨城乡收入收敛性和平抑的路径及政府在此过程中的行为决策，为寻求其他区域城乡经济收敛路径、平抑收入差距乃至全国区域协调发展战略提供有益的启示和借鉴。

二　相关理论述评

（一）二元经济理论

"二元经济理论"这一概念是美国经济学家、发展经济学的代表人物威廉·刘易斯（1954）最先提出的。刘易斯认为，在劳动力无限供给的条件下，发展中国家具有二元经济结构，即经济是由城市中的工业和农村中的农业两个部门组成，其中，一个是以城市为中心，生产技术先进的现代工业部门；一个是以农村为中心，生产方式落后的传统农业部门。

现代工业部门劳动的边际生产率高，工资水平也远远高于农业部门。传统农业部门的劳动生产率、工资率都很低，农民仅能解决温饱或生活在温饱线以下，农村存在大量的劳动力剩余，这些剩余劳动力的边际生产率为零，甚至为负数。在市场没有障碍时，人们的理性选择自然是从低效率和低工资报酬的农业部门流向高效率、高工资的城市工业。而且认为劳动力供给永远是充足的，从而可永恒为现代工业部门提供充沛的、廉价的劳动力。刘易斯把农业劳动力的流动分成两个阶段，第一阶段：在确定的工资水平下能充分满足城市工业的劳动力需求，当今的发展中国家就处于此阶段；第二阶段：随着工业积累的增加，农业的边际收益也在提高，劳动力的工资水平也在相应提高。

刘易斯指出农业劳动力具有"完全的弹性"，农村边际劳动生产率低下的原因在于农村有大量的隐性失业，城市则较少存在失业，城市工资水平在吸收完农村的剩余劳动力之前是不变的。刘易斯模型进一步指出城乡之间劳动生产率的差距导致了城乡收入差距的出现，城乡之间的实际收入差距是劳动力从农村流向城市的根本动力和直接原因。缩小城乡收入差距的主要路径是消除制约劳动力流动的市场壁垒，促使劳动力自由流动。提高城市化率是转移农村剩余劳动力的有效途径。

刘易斯的二元理论为我们理解和研究城乡收入差距提供了一定的理论根据，但这些假定不完全符合发展中国家的实际。第一，城市不存在失业并不符合我国现状。我国20世纪80年代进行市场经济和国企改革，以推进产业结构升级和优化，导致了大量工人下岗。截至2000年，我国有3000万名下岗职工。此外，20世纪90年代以后，高校扩招、取消国家包分配，实行自谋职业政策，致使相当数量的毕业生没有在当年就业，城市失业广泛存在。

第二，模型要求劳动力市场开放、自由流动没有障碍。20世纪50年代以来我国设立的户籍制度致使城乡分割严重，阻碍了农村剩余劳动力向城市的转移。被雇用于城市的农民工，大多也是从事技术含量低、工资待遇低、风险高的工作，享受不到城市居民的福利待遇。他们没有归属感，时常奔波于城市与农村之间，多数处于待业和寻找工作的状态。

第三，刘易斯提出的发展城市工业的政策，主张吸收农村剩余劳动力,忽视了农业自身产业化和非农化的特征,对吸收农村剩余劳动力、增加农民收入,平抑城乡收入差距具有重大作用和意义。例如,乡镇企业在吸收农村剩余劳动力,缓解农民盲目、无序进入城市发挥了巨大作用。截至20世纪末,我国约有1亿人口被乡镇企业吸收。

(二) 经济增长理论

弗朗索瓦·佩鲁的"增长极"理论指出,区域经济发展主要是由条件较好的少数地区和少数产业带动的。国家应把少数区位条件好的地区和少数条件好的产业培育成经济增长极,通过增长极的极化和扩散效应,影响、带动周边地区和其他产业发展。增长极理论认为,政府应集中力量对若干地区和产业进行投资,加快具有相对优势的区域或产业的发展,以带动其他地区和相关产业的发展。

资源禀赋理论和比较优势理论认为,在一个完全竞争、开放的环境中,一国经济的竞争优势有可能向所有存在资源禀赋比较优势的市场或产业领域渗透。在我国,劳动力资源相对丰富,资本要素相对稀缺,企业和政府理应优先选择并大力发展劳动密集型产业和技术。工业化发展应遵循先轻工业、后重工业的"霍夫曼"模式。此模式即霍夫曼经验定理,是指资本资料工业在制造业中所占比重不断上升并超过消费资料工业所占比重的工业发展规律。该规律被人们推定为工业化发展到后期阶段属于重工业化阶段的结论。然而,我国最初基于国际国内的政治形势需要,走的是优先发展重工业、农业长期补贴工业的发展道路。而重工业属于典型的资本密集型产业,其创造与吸纳就业的能力远不如轻工业和服务业,最终造成我国大量农村剩余劳动力滞留于农业生产部门,结果就是农业劳动效率低,农村和农民贫困积累负荷重,农村和农业发展受阻,农村剩余劳动力转移积重难返。这一道路使我们贻误了发展劳动密集型产业、大量吸纳农村剩余劳动力的时机(林毅夫、刘明兴,2004)。

20世纪80年代以来,轻工业等劳动密集型产业在我国东部沿海地区优先发展。此时,我们走的依然是工业优先和以投资与出口带动经济增长为主的发展道路。当劳动力供过于求、资本极度稀缺时，长期坚持这种发展战略的结果是政府不得不人为地压低劳动力的价格。这时，为了增强自身的竞争力，企业只能采取两种措施：一是增加资本投入，进行技术升级，扩大生产规模；二是进行体制改革，如"减员增效"等。其共同点都是减少劳动力、增加资本投入，即"资本深化"。但是，这两种措施都对劳动力的吸纳能力有限，延缓了劳动力的流动进程。

另外，根据比较优势理论，区域间产业结构的差异主要源于区位条件、要素禀赋、自然资源等区域先天条件的不同。先天禀赋的差异，导致了包括资本、劳动力在内的多种要素在区域间流动和重组。在市场配置资源的条件下，生产要素可以充分流动。由于区位条件或者产业政策的差异，生产要素在报酬递减规律的作用下，从相对丰裕地区流向相对稀缺地区，使得要素禀赋的自然优势与生产过程中的要素成本优势两者在地区间的分布不一致。在地区差异化发展战略的指导下，我国东部沿海地区由于其优越的区位优势和政策优势，外向型经济得到了先行发展机会，资本得以迅速且大规模地积聚。在经济动机的促使下，大量劳动力资源被更高的城市收入水平所吸引，劳动力追逐资本，我国中西部地区丰富的劳动力资源开始大规模向东部沿海地区进行转移，以劳动密集型产业为主的外向型经济逐渐在东部沿海地区集结，最终形成劳动密集型产业从沿海向中部地区、再到西部地区劳动密集程度逐步递减的格局，显然这一格局与相应区域的经济发达程度是一致的。虽然这一格局分布充分反映了改革开放中生产要素区域间的流动和重组，但是如果产业在发达地区集聚到一定程度后不能及时向其他外围区域转移，产业结构升级带来的技术和资本对劳动力的排斥，就会降低产业的就业弹性系数。因此，落后地区则会因产业集聚不够，导致当地的工业化缺乏动力，也会阻碍当地的城市化进程，从而本地区提供的非农产业劳动力不能被有效吸收、就地转化。另外，劳动密集型产业在我国东部沿海地区的过度集聚，会导致其对劳动力的吸纳能力日益减弱，工资的增幅也相应放缓，劳动力转移同时面临速度趋缓与成本上升的难题，劳动力的流动变得越发复杂和艰难（叶琪，2006）。

(三) 城市化演变理论

1. 关于城市发生、发展动因的观点

(1) 产业革命论。该派学者主要是根据欧美发达国家的城市化进程，认为产业革命是大规模工厂化生产的前提，工业艺术的进步促进了规模经济的发展，生产聚集引致城市化发生。同时，城市化的发展又促进农业与工业的分离和对农产品的需求、推动农业的产业升级，从而使城市工业、产业、服务业的发展得到了食物上的保障。自动化时代的到来加速了城市化的进程和城市群的形成与集聚。

(2) 农业剩余产品论。持此观点的学者松巴特、芒罗、沃伊廷斯基等认为，一国城市化所能达到的最大限度，是由其自身获得剩余粮食的能力决定的，而这种剩余粮食的生产是由第一产业生产力所决定的。

(3) 劳动分工说。一些学者针对农业剩余产品论的观点，提出剩余粮食的生产并不一定必然导致城市的产生和发展。城市的本质是第二、三产业的集聚，这种集聚使城市有了巨大的吸引力，从而导致大量的农村人口流向城市，促进了城市的繁荣。

综合而论，城市化的动因因历史时期不同，地域、国度、环境不同而不同。

2. 关于城市化发展阶段的研究

国外关于城市化发展阶段的观点主要有以下三种。

(1) 三次产业结构演进的城市化发展三阶段论。其代表性人物是英国学者范登堡。他在《欧洲城市兴衰研究》一书中，以经济结构变化的三个阶段为依据：①从以农业为主过渡到工业社会；②由工业经济过渡到第三产业经济；③第三产业部门继续发展进入成熟阶段，把自英国工业革命至今的世界城市化划分为三个阶段：第一阶段，城市化；第二阶段，市郊化；第三阶段，反城市化与内域的分散。

(2) "差异城市化理论"模型。此理论模型由盖伊尔（H. S. Geyer）和康图利（T. M. Kontuly）于1993年提出。他们将这个模型作为解释世界上所有地区人口变化的演化模式的基础。该模型引入了理查森（H. W.

Richardson)在1977年创造的"极化逆转"概念,用以表示人口增长率从大城市转变为中等城市的骤变。该模型将城市分成三种类型:大城市、中等城市和小城市。他们认为大、中、小城市的净迁移的大小随时间而变化,并根据这种变化将城市发展分成三个阶段:第一个阶段是大城市阶段,也叫作"城市化"阶段,此阶段大城市的净迁移量最大;第二个阶段是过渡阶段,即"极化逆转"阶段,在这一阶段里,中等城市由迁移引起的人口增长率超过了大城市由迁移引起的人口增长率;第三个阶段是"逆城市化"阶段,在这一阶段里,小城市的迁移增长超过了中等城市的迁移增长。之后,结合当前世界比较流行的发展周期观点,二人又进一步提出"逆城市化"阶段过后又进入新一轮城市化周期,即再次进入"城市化"阶段。

(3)"城市发展阶段"模型。霍尔(P. Hall)于1971年提出此理论模型,后经克拉森等人于1981年对此模型进行修改而趋于完善。"城市发展阶段"模型将生命周期引入城市化理论,认为一个城市从"年轻的"增长阶段发展到"年老的"稳定或衰落阶段,然后再进入到一个新的发展周期。该模型将城市发展划分为城市化、郊区化、逆城市化和再城市化四个阶段,然后又根据中心城区和城市外围在人口增长率的上升和下降之间的转折点,将这四个大阶段中的每一个阶段再一分为二,从而划分出八个小阶段。

此外,根据城市化的必然性与近代城市的产生理论,日本学者今野修平认为,产业革命以来,近代城市的发展经历了三个阶段:第一阶段,城市化;第二阶段,特大城市化;第三阶段,特大城市群化。

3. 关于城市化规律的研究

经济学家关于城市化规律的研究与认识主要有以下几种。

(1)城市化速度发展规律(S型曲线规律)。1979年,美国城市地理学家诺瑟姆(Ray M. Northam)在其《城市地理》一书中,把世界城市化发展过程所经历的运动轨迹形象地概括为一条稍被拉平的S形曲线。1987年,中国清华大学学者焦秀琦在《城市规划》杂志上发表的《世界城市化发展的S型曲线》一文中,对诺瑟姆所提出的城市化发展的S形曲线理论进行了数学模型推导,得出了城市化发展的微分方程,并根据推导出的数学模型，描绘出了城市化发展的S形曲线形状图。

（2）城市规模等级序列分布规律。城市规模等级序列分布规律主要有首位城市定律和位序规模规律。二者都是建立在对世界城市规模分布模式进行观察和总结的基础之上，代表了世界城市规模分布的主要模式。

（3）城市化与工业化相关性规律。1988年霍利斯·钱纳里对城市化与工业化水平相关性进行了测度研究，得出在常态发展过程中工业化与城市化关系的一般变动模式：随着人均收入水平的上升，工业化的演进导致产业结构的转变，带动了城市化水平的提高。随着产业结构演进，制造业生产比重的上升与就业比重的上升基本上是同步的，而非农产业就业比重的上升与生产比重的上升则表现出阶段性差别：在人均GNP达到500美元（1964年美元）以前，生产比重上升较快；当人均GNP超过500美元之后，就业比重的上升明显加快。

（4）关于城市化与城乡收入差距的研究。第一，城市化缩小城乡收入差距。Lucas专门建立了一个针对发展中国家的城市化模型，研究城市化与城乡收入差距的关系。Henderson和Verner的研究主要针对的是美国或者墨西哥这样城市结构单一的国家，不具备一般性。为了有效研究发展中国家的城乡二元问题，Lucas在2004年从人力资本角度出发，构建了一个专门针对发展中国家的城市化模型。他认为城市化是城乡二元结构转型的主要手段。农村居民向城市转移，会推动土地密集型技术向人力资本密集型技术的转变，这一转变在推动整个经济增长的同时，也有效提高了农民的收入，它是发展中国家缩小城乡差距，实现工业化的必要路径。

大部分学者主张城市化水平提高能够促进城乡收入差距的缩小。但是在城市化的过程中，城市偏向性的政策阻碍了城乡收入差距的缩小，扩大了城乡收入差距。蒲明、冯瑛和陈建东在2010年利用住户调查数据对全国城乡一体化发展试点城市——成都进行实证分析，得出全国城乡收入不断扩大的主要趋势，而成都市城乡居民收入差距缩小的主要原因则是城乡一体化进程的推动。贺建清（2013）对比研究城市化对东、中、西部三大区域内城乡差距的影响，西部地区城市化降低收入差距幅度最大，东部地区作用较弱。李江涛、张杨勋、罗连化（2013）等运用空间计量模型，采用 SCBB 的估计方法，在 1997~2007 年省级面板数据的基础上实证分析，表明城市化与市场化进程的推动都有利于城乡收入差距的缩小。此外，由于空间关系的作用，处于相邻地理位置的省份之间表现出大致相同的发展趋势。

第二，城市化发展扩大城乡收入差距。在现有的研究之中，大部分学者认为，各项不合理的政策制度所导致的劳动力自由流动障碍是城乡居民收入差距扩大的主要原因。程开明、李金昌（2007）利用 1978~2004 年的时间序列数据对城市化、城市偏向的政策与城乡居民收入差距的关系进行实证分析，得出城市化并没有缩小城乡收入差距，反而会造成正向冲击，城市化是城乡收入差距扩大的原因。贺建风、刘建平（2010）在分析城市化、对外开放与城乡收入差距作用机制的基础上，表明城市化是城乡收入差距扩大的主要原因。蔡海龙（2010）利用 1985 年和 2007 年数据在研究中提出，城市化水平的提高对城乡收入差距的缩小会造成消极影响，它对推动劳动力的自由流动，以及促进农村和农业生产的要素报酬率的提高效果并不显著。

第三，城市化过程与城乡居民收入差距的变化呈倒"U"形。库兹涅茨认为，在一定条件下，工业化和城市化导致的农业人口向非农业人口部门和城市迁移，可能会有一个由快速膨胀到逐渐缓慢、最后缩小的发展过程。1976 年，Sherman Robinson 用数学理论证明了倒"U"形曲线的合理性，认为随着城市化的发展，城乡收入差距先升后降，并且提出城市化率临界值在 50% 左右，一旦城市化率超过 50%，就会缩小城乡收入差距。另外，在 2011 年，他将城市化的过程划分为两大类：被迫的城市化过程和经济发展到一定阶段自然发生的城市化过程。只有这种由经济增长内生的自然城市化转变才能够彻底改变城乡二元的现状，促进城乡收入差距的缩小。

2013 年，我国的城市化率已达到 51%，2015 年城市化率为 56.1%，已到库兹涅茨倒"U"形的拐点。我国是否也呈现城乡收入差距缩小的趋势和迹象？本文的研究将给出大致线索。

（四）劳动力流动理论

关于劳动力流动理论，配第的《政治算术》、斯密的《国富论》、李斯特的《政治经济学的国民体系》等著作都对其做了一定的阐述。在克拉克三次产业结构演进理论中，他谈道：随着人们收入的提高，劳动力从第一产业向第二产业转移，然后向第三产业转移将是必然。还有库兹涅茨的人口迁移理论、托达罗的城乡迁移理论等都从不同角度和层面解释了农业剩余劳动力的流动和转移。

托达罗的城乡迁移理论认为，一般情况下的人口迁移是一种基于经济比较的经济行为。假设农村劳动力进入城市部门的预期收入（迁移的收益减去成本）大于农村从事农业生产的平均收益，就会发生迁移。这是劳动力对预期收入差异做出的自然反应行为。同时，它也是劳动力在城乡劳动力市场上的自动配置和调节。托达罗认为，在城市存在失业的条件下，如果城市部门的工资率增长速度快于农村平均收入的增长速度，即便城市存在失业，也阻挡不了农村劳动力源源不断地向城市涌入。这种现象是因为劳动力会自动趋于高工资回报率的地方和部门。农村劳动力向城市涌入带来的效应有：第一，农民工获得高于农业生产的报酬，有利于农民收入的提高，这部分收入回馈家庭及农村，对农业、农村发展有促进作用；第二，有可能进一步加剧城市中的结构性失业，加重城市治理的负担，超过城市承载力；第三，农村劳动力的大量流失，有可能出现农村衰落、农村家庭空巢化、土地荒芜化、村镇衰落化、留守儿童抚养与教育问题及老人赡养问题。

托达罗迁移模型对我国城乡建设有指导意义。他倡导在城市存在失业的前提下，既要发展城市工业，也要兼顾发展农村农业，使城市与农村、工业与农业协调、平衡发展。这一模型较为贴近我国现实。长期以来，我国已经形成顽固的二元经济格局，这一对立格局一时难以破解。1949年以后，我国优先发展重工业，长期以农村支持城市、牺牲农业支持工业的"剪刀差"代价难以在短时间内回补。城市化严重落后于工业化，户籍制度严重隔离了城市与农村两大区域阵营，城市居民和农村居民在生产、生活福利待遇和权利制度上的差别一时难以消除。这也使得农村与城市的劳动力的就业市场和收入差异形成扭曲和不协调。

另外，我国农村劳动力市场也存在显性和隐性剩余，这与托达罗模型假设条件不太相符。

第二章 中国城乡收入差距的测度、现状与影响因素

一 中国城乡收入差距的测度与比较

改革开放以来,中国经济迅猛发展,人民生活水平极大提高。国家实施了一系列措施以改善农村人民生活,比如取消农业税、规定粮食收购最低限价等。但是由于城乡二元经济存在、受教育程度不均等一系列原因,中国城乡收入差距仍然有不断扩大的趋势。

城乡收入差距的程度通常用城乡居民收入比这一指标来表示,该指标可以直观地衡量城乡收入的相对差距。除此之外,恩格尔系数、城乡差别基尼系数及结构相对系数(陈宗胜、周云波,2002b)、泰尔指数(魏后凯,1996)、十等分组分析法、城乡收入差距的绝对值、城乡居民收入增长率(陈永清,2006)、城乡消费和储蓄差距等指标也经常被用来反映城乡收入差距。本书中,城乡收入差距用指标城乡收入比(=城市居民可支配收入/农村居民纯收入)来衡量,根据历年统计年鉴,本书收集了1978~2014年全国31个省区市的数据,计算结果如表2.1所示。

表 2.1 1978~2014 年中国城乡居民收入及差距比较

单位:元

时间	城镇居民家庭人均可支配收入	农村居民家庭人均纯收入	城乡收入差距绝对值	城乡收入比
1978 年	343.4	133.6	209.8	2.57
1979 年	405.0	160.2	244.8	2.53

续表

时间	城镇居民家庭人均可支配收入	农村居民家庭人均纯收入	城乡收入差距绝对值	城乡收入比
1980 年	477.6	191.3	286.3	2.50
1981 年	500.4	223.4	277.0	2.24
1982 年	535.3	270.1	265.2	1.98
1983 年	564.6	309.8	254.8	1.82
1984 年	652.1	355.3	296.8	1.84
1985 年	739.1	397.6	341.5	1.86
1986 年	900.9	423.8	477.1	2.13
1987 年	1002.1	462.6	539.5	2.17
1988 年	1180.2	544.9	635.3	2.17
1989 年	1373.9	601.5	772.4	2.28
1990 年	1510.2	686.3	823.9	2.20
1991 年	1700.6	708.6	992.0	2.40
1992 年	2026.6	784.0	1242.6	2.58
1993 年	2577.4	921.6	1655.8	2.80
1994 年	3496.2	1221.0	2275.2	2.86
1995 年	4283.0	1577.7	2705.3	2.71
1996 年	4838.9	1926.1	2912.8	2.51
1997 年	5160.3	2090.1	3070.2	2.47
1998 年	5425.1	2162.0	3263.1	2.51
1999 年	5854.0	2210.3	3643.7	2.65
2000 年	6280.0	2253.4	4026.6	2.79
2001 年	6859.6	2366.4	4493.2	2.90
2002 年	7702.8	2475.6	5227.2	3.11
2003 年	8472.2	2622.2	5850.0	3.23
2004 年	9421.6	2936.4	6485.2	3.21
2005 年	10493.0	3254.9	7238.1	3.22
2006 年	11759.5	3587.0	8172.5	3.28
2007 年	13785.8	4140.4	9645.4	3.33
2008 年	15780.8	4760.6	11020.2	3.31
2009 年	17174.7	5153.2	12021.5	3.33
2010 年	19109.4	5919.0	13190.4	3.23

续表

时间	城镇居民家庭人均可支配收入	农村居民家庭人均纯收入	城乡收入差距绝对值	城乡收入比
2011 年	21809.8	6977.3	14832.5	3.13
2012 年	24564.7	7916.6	16648.1	3.10
2013 年	26467.0	9429.6	17037.4	2.81
2014 年	28843.85	10488.9	18355.0	2.75

资料来源：国家统计局历年统计年鉴。

说明：2013 年、2014 年统计口径有变化。

从图 2.1、图 2.2 和表 2.1 中可以看出如下几点。

（1）1978 年城镇居民人均可支配收入仅为 343.4 元，2014 年增加到 28843.85 元，增加了 83 倍；同样，我国农村居民家庭人均纯收入由 1978 年的 133.6 元增长到 2014 年的 10488.88 元，增加了 77.5 倍。由此可见，改革开放以来，我国城乡居民收入水平均有大幅提高。但是，从表 2.1 可以看出，我国城镇居民人均可支配收入与农村居民人均纯收入虽然有相同的变化趋势，但随着收入的提高，二者差距不断扩大。城镇居民人均可支配收入与农村居民人均纯收入之比最高达 3.33（2007 年和 2009 年）。改革开放以来，我国城乡收入差距总体呈波动上升趋势。根据图 2.2，我国城乡差距可以划分为五个阶段：1978~1984 年，我国城乡收入差距在不断缩小，但变化幅度不大；1985~1994 年，我国城乡收入差距不断扩大，城乡收入比在 1994 年达到 2.86；1995~1998 年，城乡收入比经历了短暂的下降；1999~2009 年城乡收入比持续上升，2002 年首次超过 3.0，2007 年和 2009 年达到最大值 3.33；2010 年至今，我国城乡差距在缓慢下降，但城乡收入比仍保持在 3.0 以上，同时城乡收入差距绝对值在持续扩大，城乡收入差距问题仍然十分严重。

（2）改革开放以来，我国 31 个省区市中（见图 2.1），城乡收入差距最大的几个省份从大到小排列有：西藏、云南、贵州、甘肃、青海；城乡收入差距最小的几个省份从小到大排列有：上海、北京、天津、江苏、吉林、辽宁、黑龙江、浙江。可见，城乡收入差距最小的省份中，除去东北三省（吉林、辽宁、黑龙江）之外，还有江、浙、沪和北京、天津。从这些可以看出，城乡差距最大的省份都是地区生产总值最小、经济最不发达的西部地区，其表现的城乡收入差别也更大，矛盾更突出。而经济发达的东部省区市，城乡差别也更小。下文将具体分析影响江、浙、沪3个省市城乡收入差距的因素。

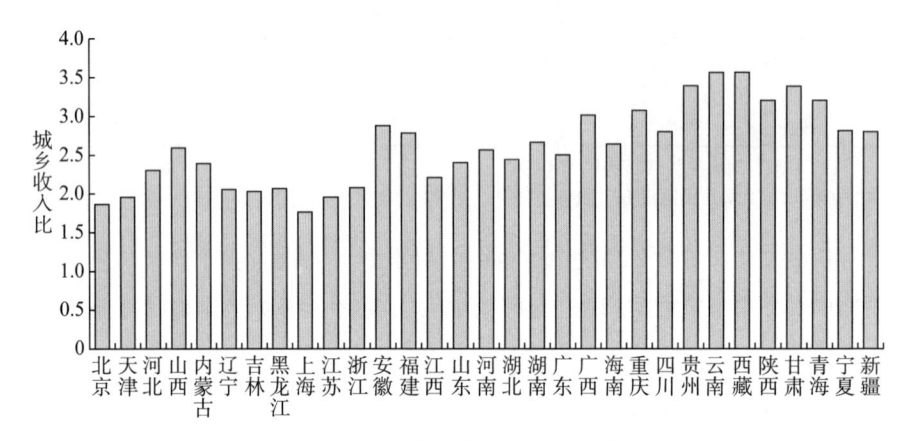

图 2.1 我国 31 个省区市平均城乡收入差距（1978～2014 年）

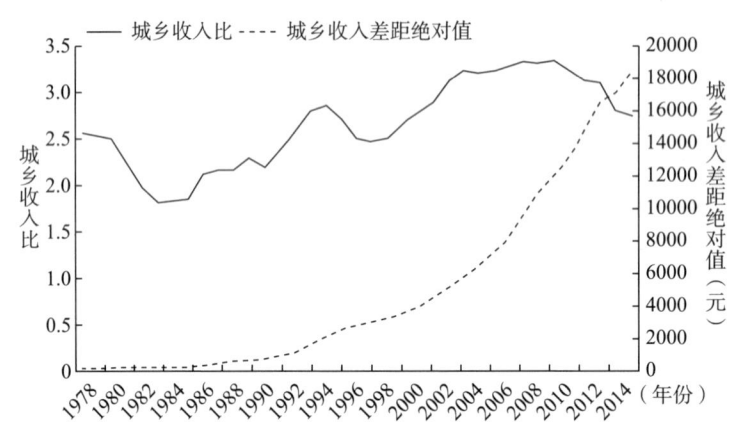

图 2.2 我国城乡居民收入差距趋势（1978～2014 年）

二 中国城乡收入差距的现状及历程

中国经济一直都是靠投资和出口拉动，对外依赖过大，国内需求严重不足，经济发展表现出严重的不平衡性。国内有效需求不足，根源在于占全国大多数人口的农民收入过低，城乡收入差距过大严重违背了社会主义共同富裕的目标。1985年，城镇人均可支配收入是农村人均纯收入的1.86倍，1995年达到2.71倍，2007年这一差距扩大到3.33。2010年以后，农村居民收入增速加快，超过城镇居民收入增长。新华网于2012年8月21日发布的研究报告显示，中国农村居民基尼系数在2011年已达到0.3949，正在逼近0.4的国际警戒线。据国家统计局报告，2001~2011年，城镇居民人均可支配收入年均实际增长9.2%，农村居民年均纯收入实际增长8.1%。虽然，2010年、2011年农村居民收入增速连续两年超过城镇，城乡居民收入差距有所缩小，但城乡居民收入差异依然维持在3倍以上。人们对贫富差距"恶性扩大"的担忧已从城乡收入分配向农村内部拓展，城乡收入差距的平抑任重而道远。

2012年，华中师范大学中国农村研究院发布了《中国农民经济状况报告》。中国农村研究院自2006年启动"百村观察"计划，对6000多户农村居民过去三年的现金收入进行了抽样调查。调查发现：①收入最高的20%的样本农户与收入最低的20%的样本农户的人均收入差距有10倍之多；②分区域来看，西部地区农民之间的收入差距为8.81∶1，东部次之，为7.71∶1，中部为7.16∶1；③最高收入的20%的样本农户中，务工农户占比为88.9%，务农农户占比为11.1%；在最低收入的20%的样本农户中，务工农户占比17.5%，务农农户占比82.5%；④2011年农村居民工资性收入增长3191.87元，与2009年调查数据相比增长15.09%，对农民人均收入增长的贡献率达到70.98%，而家庭经营性收入、财产性收入及转移性收入对人均收入增长的贡献不足三成。

调查显示，务工与务农收入差距大是导致农村收入扩大的重要因素。农村居民收入分配差距的扩大是中国社会工农差距、城乡差距在农村的集中体现。此次公布的2010年基尼系数高于国家统计局此前发布的同期官方统计（为0.3897），更逼近合理区间的末端。按照联合国有关组织的规定，基尼系数一般情况下处于0到1之间，0.4为收入差距扩大的国际警戒线，0.5以上表示收入差距严峻，进一步扩大则有可能引发社会不稳定。

国家统计局农村社会经济调查总队的《中国农村经济调研报告》（2013）揭示了中国农村发生的历史性变化。中国农民过去的主要收入来源就是土地，土地的多少决定了农村社会分化的程度，所以在改革初期通过均分土地、土地流转可以缩小差距。但在新的历史时期，农民收入主要来自务工。这就意味着在农村地区需要更加强调为农民提供平等的就业机会、发展现代农业、加大社会保障，防止贫富差距的恶性扩大。一方面，适当的收入差距可以激励人们创造财富，但是如果收入差距过大，越来越多的农民就会弃农而去，农业的发展就会受到威胁；另一方面，急于改变贫困状况的部分进城打工者有可能扰乱城市社会治安。这些都是贫富差距扩大引发的潜在威胁。

报告显示，2011年中国农村家庭户均现金收入已攀升至38894.38元，同比增长14.13%。其中，人情支出3092.51元，医疗支出2506.86元，陪读费用404.10元。在大病住院的农民家庭中，新型农村合作医疗户均报销1724.23元，占户均医疗总支出的37.93%。如果没有新型农村合作医疗，农民的医疗支出还要增加至少3个百分点。

报告还显示，农村居民的消费结构也发生了转变，食品消费持续下降，通信、护肤品、体育健身的消费逐年增加。2011年，农村居民消费恩格尔系数较2010年的41.1%下降4个百分点。农村消费的中心开始由生存型消费逐渐向享受型消费转变。我们可以认为，中国农村的贫富差距扩大是伴随收入增加出现的，如何解决新的问题也考验着我们的政府。对中国来说，未来的改革重点就是要加大支农、惠农政策力度，破除体制和法律上的束缚，盘活人、财、物，通过发展现代农业和扩大土地经营规模来确保务农收入不低于城市务工收入，从而提高人们从事农业经营和发展农业的积极性，实现城乡协调和可持续发展。

从图2.1和图2.2及相关研究来看，城乡收入差距具有如下特征。

（1）从全国范围来看，改革开放之初的20世纪80年代，城乡收入差距迅速缩小，90年代以后逐渐扩大，特别是2000年以后，差距上了一个新的水平，但2010年以后，差距缩小的趋势有所显现。未来发展态势有待进一步观察。

（2）据学者们的观察和分析，2000年以后的差距扩大主要缘于城乡间财产性收入及农村内部收入差距的扩大。

（3）各省区市的城乡差距变化趋势不一样，直辖市北京、上海、天津、东三省、浙江、江苏差距最小，差距最大的有西藏、云南、贵州、甘肃、青海。全国 31 个省区市的城乡差距收敛短时间难见成效。从这些可以看出，城乡差距最大的区域也是经济最落后的区域。地区差距、经济发展水平是城乡差距的主要因素。但如长三角这样的地区，其区域一体化明显，"俱乐部"收敛特征就会呈现。

三 中国城乡收入差距的影响因素与比较

引起城乡差距扩大的原因很复杂，主要有城乡分离的二元经济结构、城市偏向的政策、工业化进程引起的产业结构优化及转型、劳动力流动、城市化进程的提速、财政转移支付、教育投入等因素。本书在此进行一些直观的描述与分析。

我们选取全国 31 个省区市 1978~2014 年的面板数据，以城乡收入差异为被解释变量，以人均 GDP、城市化率、产业结构、财政支出、教育支出为解释变量，如表 2.2 所示。

表 2.2　1978~2014 年全国城乡收入差距与相关因素指标值

时间	城乡收入比	人均 GDP（元）	城市化率（%）	产业结构	财政支出（亿元）	教育支出（亿元）
1978 年	2.57	385	17.92	0.52	1122.09	—
1979 年	2.53	423	18.96	0.48	1281.79	—
1980 年	2.50	468	19.39	0.46	1228.83	—
1981 年	2.24	497	20.16	0.49	1138.41	—
1982 年	1.98	533	21.13	0.51	1229.98	—
1983 年	1.82	588	21.62	0.52	1409.52	—
1984 年	1.84	702	23.01	0.59	1701.02	—
1985 年	1.86	866	23.71	0.69	2004.25	—
1986 年	2.13	973	24.52	0.69	2204.91	—
1987 年	2.17	1123	25.32	0.70	2262.18	—
1988 年	2.17	1378	25.81	0.72	2491.21	—
1989 年	2.28	1536	26.21	0.77	2823.78	—
1990 年	2.20	1663	26.41	0.79	3083.59	—
1991 年	2.40	1912	26.94	0.83	3386.62	—

续表

时间	城乡收入比	人均GDP（元）	城市化率（%）	产业结构	财政支出（亿元）	教育支出（亿元）
1992年	2.58	2334	27.46	0.82	3742.20	—
1993年	2.80	3027	27.99	0.75	4642.30	—
1994年	2.86	4081	28.51	0.74	5792.62	—
1995年	2.71	5091	29.04	0.72	6823.72	—
1996年	2.51	5898	30.48	0.71	7937.55	—
1997年	2.47	6481	31.91	0.74	9233.56	—
1998年	2.51	6860	33.35	0.81	10798.18	—
1999年	2.65	7229	34.78	0.85	13187.67	—
2000年	2.79	7942	36.22	0.87	15886.50	—
2001年	2.90	8717	37.66	0.92	18902.58	—
2002年	3.11	9506	39.09	0.95	22053.15	—
2003年	3.23	10666	40.53	0.92	24649.95	—
2004年	3.21	12487	41.76	0.90	28486.89	—
2005年	3.22	14368	42.99	0.88	33930.28	—
2006年	3.28	16738	44.34	0.88	40422.73	—
2007年	3.33	20505	45.89	0.91	49781.35	7122.32
2008年	3.31	24121	46.99	0.91	62592.66	9010.21
2009年	3.33	26222	48.34	0.97	76299.93	10437.54
2010年	3.23	30876	49.95	0.95	89874.16	12550.02
2011年	3.13	36403	51.27	0.95	109247.79	16497.33
2012年	3.10	40007	52.57	1.00	125952.97	21242.10
2013年	2.81	43852	53.73	1.06	140212.10	22001.76
2014年	2.75	47203	54.77	1.11	151785.56	23041.71

资料来源：数据来源于历年国家统计局统计年鉴。

说明：教育支出仅有2007~2014年数据；产业结构＝第三产业增加值/第二产业增加值。

（1）城乡收入差距与城市化率

1978~2014年，我国城市化率不断提高，从1978年的17.92%上升到2014年的54.77%、2015年的56.3%（据官方统计局计算得出）。并且从2011年开始，城市化率高于50%（见图2.3）。伴随着城市化率高于50%并且不断增高，我国城乡收入差距从2011年开始缓慢下降。基本与库兹涅茨倒"U"形理论预测的，在城市化率达到50%时，出现收入差距缩小的拐点情形相吻合。但这是否意味着我国城乡收入差距缩小的拐点真正来临还有待进一步观察。

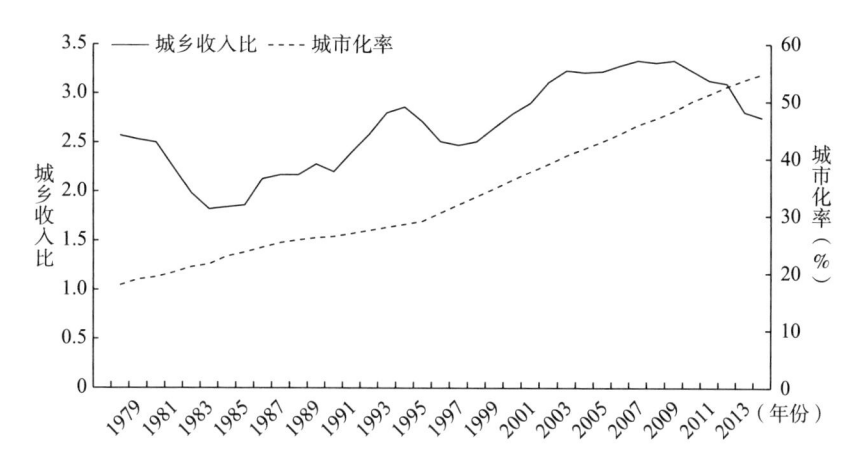

图 2.3　1978~2014年我国城乡收入比、人均GDP与城市化率的变化

（2）城乡收入差距与产业结构

本书用第三产业增加值与第二产业增加值的比值表示产业结构。图2.4显示，自1978年以来，我国产业结构总体呈上升趋势，意味着相对于第二产业而言，第三产业增加值的比重呈上升趋势。2010年以后，第三产业相对比重上升较快，与此同时，城乡收入比有所下降。说明随着我国人均GDP和第三产业比重的进一步提升，第三产业在提升就业和增加收入方面的优势显现，当第三产业超过第二产业比重以后，将迎来城乡收入比缩小的拐点。

（3）城乡收入差距与财政支出

图2.5显示，1978~2000年，我国财政支出增长缓慢，偏向农村的转移支出不足，城乡收入比仅仅在刚刚开放的20世纪80年代前期有所下降，20世纪90年代以来一直呈现曲折上升的趋势。从2000年以后，财政支出迅速增长，但最初的十年，城乡收入差距并没有缩小反而上升，一是有可能缘于政策的滞后性；二是其他制约差距缩小的因素的共同作用，而从2010年以后才出现缓慢的降低趋势。2006年，我国开始取消农业税，生态脆弱区的环境保护补贴、精准扶贫、提高低保额等减轻农民

负担的优惠政策的出台和落实,特别是对中西部农村在改善交通、通信、电力、教育的资金和政策扶持,及各个省区市的横向转移支付帮衬,无疑大大推动了农村和农业发展,提高了中西部农村农民的收入。

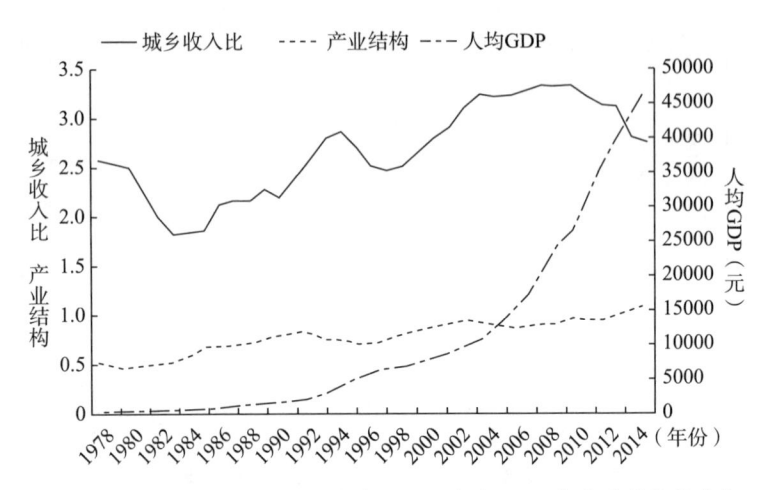

图 2.4　1978~2014 年我国城乡收入比、人均 GDP 与产业结构的变化

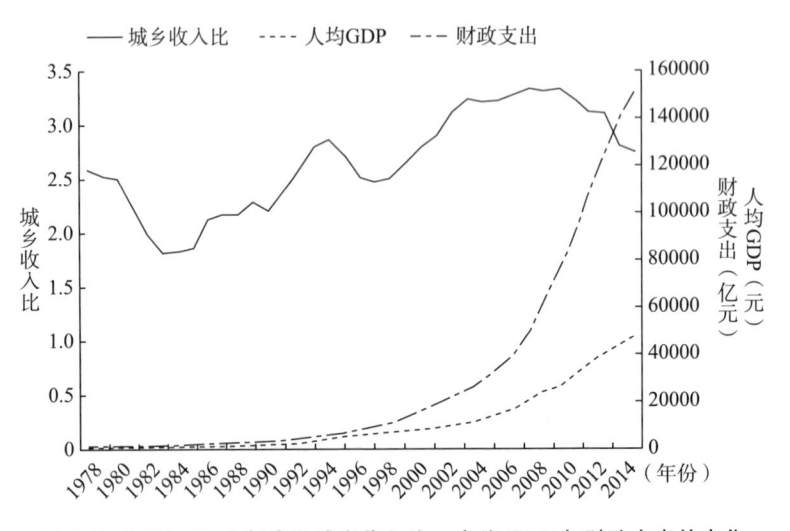

图 2.5　1978~2014 年我国城乡收入比、人均 GDP 与财政支出的变化

(4) 城乡收入差距与教育支出

从图 2.6 中可以看出,2007~2014 年,我国教育支出不断增长。伴随着教育支出的增长和人均 GDP 的迅速提高,从 2010 年开始,城乡收入差距也明显缩小。这也进一步说明国家在加大对城乡教育的支出,特别

是在农村实行免费义务教育,有计划、有组织地加强农村劳动力的技能培训、对农民进行再就业辅导和创新创业的资金扶持等人力资源的开发和利用,大大提高了农民素质和劳动技能水平,为农民工流动和在城市再就业适应产业升级打下了基础,这对提高农民收入、平抑城乡收入差距的影响显而易见。

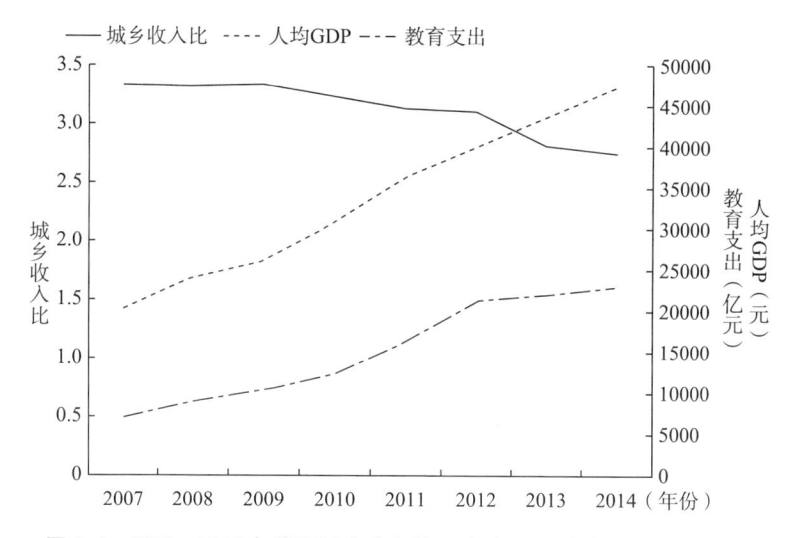

图 2.6 1978～2014 年我国城乡收入比、人均 GDP 与教育支出的变化

第三章　农民进城背景下劳动力流动与城乡收入差距

一　劳动力流动的概念与动因、背景与现状

(一) 农村剩余劳动力、劳动力流动有关概念

(1) 农村劳动力指户籍所在地为农村地区的人口中有劳动能力的15~64周岁的男性和女性个人，但不包括其中的在校学生、服兵役人员，以及因身体原因不能劳动的人等。

(2) 农村剩余劳动力专指中国农村中不充分就业的劳动力。一般的解释是，处于显性失业或者是隐形失业或半失业状态的农村剩余劳动力，就是就业不充分的劳动力。根据国际劳工组织的定义，如果劳动者在调查期（大多数认同是一个月）内达到或超过某一特定年龄，并且在某一特定时期里符合以下条件：第一，没有工作，即未被雇用也未自雇者；第二，具有劳动能力，即完全可以被雇用或自雇；第三，目前正在寻找工作，即已经采取明确步骤寻找工作或自谋职业，符合这三种条件的人口即为失业人口，这种现象即为失业。其实质是劳动者不能与生产资料相结合创造社会财富，是一种经济资源的浪费。

由以上论述我们可以看出，一是农村和农业劳动力剩余的核心和实质是劳动力的利用不足，即就业不充分；二是按照一个国际国内可以接受的标准，农村劳动力的有效工作时数可以作为判定其是否为剩余劳动

力以及对劳动力剩余的程度做出界定,这也是作为衡量和测度农村剩余劳动力的标准和尺度。

(3) 农业剩余劳动力指从事农业(含种植业、养殖业、林、牧、渔业)的农村不充分就业劳动力。中国农村剩余劳动力一般是按照不同地域划分的,并与中国特有的户籍制度相对应。但由于中国地域广袤,地区间差异巨大,农村环境条件的复杂性与特殊性,学界对其划分标准并不相同。Lewis 把那些边际生产率很小的劳动力都归为农村剩余劳动力,即包括边际生产率小于零的显性剩余和边际生产率大于零小于消费额的隐性剩余。他的理论模型是建立在二元经济结构框架下,以边际生产率为划分标准的。

通俗来说,所谓"剩余劳动力"指的是农业实际存在的劳动力超过它所需劳动力的部分。当然随着农业技术和机械化的投入,农业生产率的提高,耕种面积、品种、手段、方式的变化,农村劳动力的分散、兼职、作业时间的不确定性和特殊性,农业剩余劳动力也是动态变化的。

(4) 关于劳动力流动与转移,学术界如蔡昉定义的劳动力流动是以提高收入、改变就业类型为目的、跨地域的流动行为。胡学勤认为,劳动力流动指劳动者根据个人条件及劳动能力,在不同地域、不同产业、不同行业、不同职业及岗位的迁移或转移行为。

而我国的劳动力迁移在不同时期有其不同的内涵,在 20 世纪 60~70 年代,2000 万名"知识青年"和"五七战士"为缓解城市就业压力响应号召,到广大农村去锻炼,充实农村劳动力。这是有组织、有计划的一次大规模从城市到农村的劳动力流动,它更多的具有政治性和社会性意义。而改革开放以来的劳动力流动主要指大批农民进城务工成为"农民工"的现象,是农村剩余劳动力基于生产率及工资回报率城乡差异的经济行为。不考虑其户籍的问题,包括在不同行业之间的迁移,只有空间上的变迁。这是人力资源在空间上从农村到城市自发、有效地流动和配置。

(二) 劳动力流动的动因、背景

由于我国生产资料相对于劳动力人口较为匮乏,劳动力人口相对于生产资料严重过剩，人多地少矛盾突出。在社会化大生产中，劳动力作为一种生产要素必须与其他生产要素相结合才能创造财富，否则就会成为社会的沉重负担。所以，就必然有一部分人不能与生产资料相结合，从社会化大生产中分离出来。另外，近年来国家大力发展第三产业，使得农村人均耕地面积减少，造成农村产生大量剩余劳动力。

托达罗模型认为，人口迁移是一种经济行为。当农村劳动力进入城市部门的预期收入（迁移的收益减去成本）大于农村从事农业生产的平均收益时，就会自发出现迁移和流动。同时，经济理性假定农民（即农村劳动力）都是理性的经济人，在中国现行农村经济制度下，农民从事的一切经济活动的目的在于追求物质利益的最大化，避害趋利是农民的经济人本质。

城乡预期收入差异是劳动力流动和迁移的根本动力和最直接的原因。而农村劳动力收入低，是因为农业的边际生产率低于城市工业的边际生产率，根据克拉克三次产业结构演进理论可知，随着工业化的进程推进，生产力水平的提高，城市工业的积累和规模的扩大，劳动力从第一产业向第二产业，然后向第三产业的梯度转移将是必然现象。

随着近年来科学技术的突飞猛进，企业的办公、生产设备越来越先进，这就要求劳动者必须有一定的技能。但是我国在相当长一段时间内实行计划经济体制，大批劳动者没有形成竞争意识，出现了一批低素质劳动者。那些从农村转移到城市的大量劳动力不能胜任高技术要求的工作，导致出现"岗位空缺"和"失业"并存的矛盾现象。

从各地市的国民经济与社会发展统计公报来看，2009~2014年，上海的常住人口（包括户籍+非户籍）从1921万人暴增至2425万人，净流入量高达504万人，位居全国城市之首。排名第二的是北京，常住人口净流入量达到396万人，常住人口总数达到2151万人。广州略逊一筹，常住人口净流入量为275万人，位列第三。流向北上广的人来自全国各地。据北京市统计局2016年《北京市统计年鉴》，2015年，北京常住外来人口来源地涉及30个省区市，主要集中在河北、河南、山东、黑龙江、安徽5个省，合计占到57.6%。而且，在所有常住外来人口中，离开户口登记地5年及以上的人占了47.1%，比起2010年又提高了17.3%，长期定居的人越来越多。

相比之下，中西部省区市基本上是人口流出地。据2010年第六次全国人口普查数据得知，安徽约有962万人奔赴外省，其中去上海的就占了27.0%；湖南人口流出约为723万人，超过半数都去了广东。东北三省人口流出情况更加突出，新生人口减少的同时，大量的年轻劳动力外出。这些枯燥的数字都是在证明，即使确实有身处北上广的人"逃离北上广"，也抵挡不住全国各地源源不断的人流入北上广，其根本原因是一线城市就业机会更多、工资更高。2013年流动人口动态监测调查研究表明，城市平均工资每提高1%，流动人口选择北上广的概率就将提高数百倍（刘文、房光婷，2010）。

一线城市对各类人群，特别是对高知、高学历、有技术的人的"虹吸效应"明显，大量的农民工分梯度集聚于东部沿海、各省省会城市及周边地市和县城。1985年以后我国大规模的农村劳动力流动没有遵循世界各国经济发展规律，劳动力大规模流动不仅没有有效缩小城乡收入差距，特别是20世纪90年代以后，城乡差距反而更加明显。

（三）劳动力流动现状、特征分析

1. 中国农村剩余劳动力现状

我国目前的失业人口包括：城镇失业人口和下岗职工、农村剩余劳动力和新增就业人口。据统计，我国目前的失业率为12%~28%。近年来，研究者在排除我国失业统计中的误差后计算得出，目前我国城镇失业率大约为15%，而农村剩余劳动力则高达26%。2012年，中国劳动年龄人口为78444万人，其中农村劳动年龄人口为5519万人，农村劳动力占全国总劳动力的7.1%。农业部课题组运用劳动力合理负担耕地法来计算种植业所需劳动力数量，结论是中国现阶段农业部门需要的合理劳动力数量约为1.96亿人。按1998年中国农业劳动力3.48亿人计算，剩余劳动力达1.52亿人。而且预计今后农村每年还会新增4万名适龄劳动力，直到2003年达到高峰。截至2016年2月，我国农村有1亿到1.2亿剩余劳动力有待转移。

2. 劳动力流动发展历史与趋势特征

根据学者预测，2004~2020年我国需要转移农村剩余劳动力1亿到1.2亿人，平均每年需转移农村剩余劳动力700万人，形势不容乐观。据2010年第六次人口普查数据，我国人户分离的流动人口有2.21亿人，2011年为2.3亿人，占总人口的17%（国家计生委2012年发布的《中国流动人口发展报告2012》），比2000年增加1亿人，2014年达到2.63亿人。这期间的农村劳动力向城市流动的规模很大，速度之快让一线城市承载力受到极大的挑战。而农村就业劳动力1.55亿人（2010年），比2009年增加765万人，增速仅为5.3%。农村劳动力流失现象严重，不少农村荒芜化现象越来越严重，威胁着我国农业的发展和耕地、粮食的安全。

劳动力流动的主要特征有如下三点。其一，规模大、范围广、时间跨度长。近十年净增1亿人，几乎涉及全国所有省区市，跨省、跨区县，时间从20世纪80年代初到现在30多年，从而派生出城市"农二代""新生代农民工"这种具有时代特征的新名词。其二，流动方向大部分是从中西部农村流向东部沿海大城市，集聚于长三角、珠三角、环渤海湾、成渝城市群、武汉长沙圈等各省会城市周围。其三，近十年来，国家政策的支持、中西部自身的发展及承接东部产业的梯度转移，使农民工出现回流现象。伴随着户籍制度的改革和土地流转及集体经营性用地入市制度的试点，部分农民工在条件相对成熟和优越的家乡县城置业、创业、养老或返乡承包土地或经营旅游业等，农业产业化趋势呈现，条件优越的地区已逐渐呈现传统农业向现代农业转型的雏形。

伴随着户籍制度的松动及土地流转政策的推进，发达地区或大的都市圈周围的农民拥有更多选择生活地域的自由和权利，劳动力回流将成为新的动向。

二 劳动力流动对城乡收入差距影响的实证研究

——来自安徽阜阳的案例分析

安徽阜阳地区是中部地区农民工务工大市，2002年劳务输出量达186万人，2011年达到了264.8万人。同时阜阳市城乡收入差距也在迅速扩大，2002～2011年城乡收入比一直在3以上，2007年甚至达到了4.1。基于安徽阜阳地区2002～2011年的数据，本章将探究阜阳地区农村劳动力转移和阜阳市城乡收入差距影响机理、原因及对策措施，以期对安徽等中部地区乃至全国中西部农村的劳动力转移形成示范效应，希望该研究成果能为当地政府城乡区域发展规划及政策制定提供一定的依据。

（一）有关研究述评

在劳动力转移对城乡收入差距影响的问题上，学界主要有两种观点。一种观点认为劳动力的转移会有效地缩小城乡收入差距。郑彩祥（2008）利用省级数据分析后认为农业劳动力转移有助于缩小城乡收入差距。熊婕、腾洋洋（2010）根据1985～2008年数据，分析了中国不同学历的劳动力流动情况和收入差距的相关性。他认为高中文化程度的劳动力对城乡收入差距缩小有显著的正面作用。黄国华（2010）认为，鉴于农村劳动力转移对城乡收入差距所发挥的积极效应，应着力促进农村劳动力的合理转移以缩小城乡收入差距。同时，要提高非农收入的边际效用，降低非农收入的成本率。

另一种观点认为，农村劳动力的转移可能会扩大城乡收入差距。朱长存、王俊祥、马敬芝（2009）认为农村人力资本并不能获得与其边际贡献相应的报酬，农村劳动力向城市转移过程中存在着由农村向城市的庞大价值转移。朱云章（2012）利用河南省相关时间序列数据进行分析和计量检验后发现，传统农村劳动力产业间转移对城乡收入差距具有明显的拉大作用。夏莉艳（2010）通过建立符合我国现实的农村劳动力流动模型发现，转移劳动力只能得到其所创造财富的较小部分，所以仅有就业转换的农村劳动力转移不仅不能缩小，反而会扩大城乡收入差距。

我们可以看出，不同的学者对农村劳动力转移对城乡收入差距的影响有着不同的认识。影响城乡收入差距的因素很复杂，根据条件限制和学者的一般理论，本书引入了影响城乡收入差距的因素，包括城市化率、地方财政支出和第一产业产值占地区生产总值比重，探索阜阳地区农村劳动力转移对城乡收入差距的影响。

（二）阜阳市城乡收入差距与劳动力转移实证研究

表 3.1 表明阜阳市的城乡收入差距始终较大，2002~2011 年的城乡收入比均处于 3 以上，远大于发达国家 1.52 的城乡收入比，也大于全国相应年份的平均值。从表 3.2 可以看出，阜阳市劳务输出量逐年增多，2011 年达到了 264.8 万人。

表 3.1 2002~2011 年阜阳市城乡收入差距比较

单位：元

年份	城镇居民人均可支配收入	农村居民人均纯收入	城乡收入比
2002	6042	1823	3.3
2003	6529	1659	3.9
2004	7096	1986	3.6
2005	7750	2085	3.7
2006	8817	2348	3.8
2007	10863	2655	4.1
2008	11727	3187	3.7
2009	12693	3520	3.6
2010	13981	4187	3.3
2011	16686	5100	3.3

资料来源：2002~2011 年《阜阳市国民经济和社会发展统计年报》。

表 3.2 2002~2011 年阜阳市劳务输出量

单位：万人

年份	2002	2003	2004	2005	2006	2007	2008	2009	2010	2011
劳务输出	142.2	160.0	178.2	190.0	203.0	215.0	225.0	239.7	252.1	264.8

资料来源：2002~2011 年《阜阳市国民经济和社会发展统计公报》。

1. 变量选取和模型设定

本书将建立回归模型，分析劳动力转移对城乡收入差距的影响。选取的解释变量除农村劳动力转移外，还包括城市化率、地方财政支出占地区生产总值比重、第一产业占地区生产总值比重。城市化率可以反映出城镇的繁荣程度；地方财政支出占地区生产总值比重可以反映财政政策对农村的倾斜程度；第一产业占地区生产总值的比重可以反映工业化的进程，也可以反映出农业的发达程度。

变量的具体设定如下：Y代表城乡收入差距，这里用阜阳城镇居民人均可支配收入和农村居民人均纯收入之比表示；X_1代表农村劳动力转移，用阜阳市劳务输出人数与农村人口之比表示；X_2代表城市化率，用非农人口和总人口之比表示；X_3代表第一产业产值占地区生产总值比重；X_4代表地方财政支出占GDP比重。回归方程设定如下：

$$Y = a_0 + a_1 X_{1i} + a_2 X_{2i} + a_3 X_{3i} + a_4 X_{4i} + u, i = (1, 2, 3, \cdots, n)$$

2. 计量结果

经 ADF 检验，数据一阶差分后变成了平稳时间序列，然后用 Eviews 软件进行多元线性回归分析，得到表 3.3。

表 3.3 模型回归结果

解释变量	系数	标准误	t 值	Prob.
X_1	0.079164	0.021948	3.606806	0.0154
X_2	1.628968	0.354758	4.594100	0.0059
X_3	0.142566	0.030981	4.601789	0.0058
X_4	-0.193605	0.030930	-6.259413	0.0015
R^2	0.895330	\multicolumn{2}{c}{$\overline{R}^2$}	0.811595
Prob. (F)	10.011478	\multicolumn{2}{c}{D - W}	1.889185

资料来源：由 Eviwes 软件整理而得。

回归结果显示，在5%的显著性水平下，模型的数据都通过了统计学检验，拟合优度（R^2）为 0.895330，表明数据的回归性较好。F 统计值为 10.011478，t 值基本上大于 2，模型基本通过总体显著性检验，各系数显著相关。D-W 值为 1.889185，可以认为各因素之间不存在相关性。

3. 回归结果分析

（1）阜阳市农村劳动力转移扩大了城乡收入差距

从回归结果可以看到，劳动力转移 X_1 和城乡收入差距正相关，当其他条件不变时，劳动力转移每增加 1 个百分点，城乡收入差距扩大 0.079164 个百分点。这说明，阜阳虽然作为全国知名的劳务输出大市，但农村劳动力大多在外从事体力劳动，收入不高，赶不上城镇居民收入的增长。

(2) 城市化率和城乡收入差距呈显著正相关

阜阳市的城市化率 X_2 对城乡差距有着显著的正向影响。其他条件不变，城市化率每提高 1 个百分点，城乡差距将增加 1.628968 个百分点。这表明，农村劳动力在城镇创造的财富大部分留在了城镇，由于低廉的劳动力价格，农村劳动力获得了和他们的付出不相称的收入。虽然阜阳被称为崛起的"小上海"，城市建设突飞猛进，但城市化进程依然处于扩大城乡差距的初级阶段。

(3) 第一产业产值占地区生产总值比重和城乡收入差距正相关

第一产业占地区生产总值比重 X_3 对城乡收入差距也有着正向的影响。其他条件不变时，第一产业占地区生产总值比重每减少 1 个百分点，城乡收入差距减少 0.142566 个百分点。由于阜阳市第一产业产值占 GDP 比重逐年缩小，实证表明，降低阜阳第一产业的产值或减少从业农民将有利于城乡差距的缩小。所以我们应该加快农村劳动力向城市第二、三产业的转移。

(4) 地方财政支出占地区生产总值比重和城乡收入差距呈负相关

地方财政支出占地区生产总值的比重每提高 1 个百分点，城乡收入差距缩小 0.193605 个百分点。近年来，财政支出偏向于民生，"村村通""新农合"还有各种惠民、帮民、精准扶贫政策的出台都有利于农村的发展并大大提高了农民收入。

据学者研究，劳动力地市内迁移有利于缩小城乡收入差距。省内其他地市迁入和外省迁入对迁入地城乡收入差距的缩小起反作用，但影响均不显著。阜阳市是经济发展比较落后的地区，劳动力迁移主要是本地农村居民。在城乡收入差距较小的地区，劳动力地市内迁移缩小城乡收入差距的效果更加明显。

(三) 平抑城乡收入差距的政策建议

1. 提高劳动者技能，加大对农村教育的投入

虽然现阶段阜阳市农村劳动力转移扩大了城乡收入差距，但其原因主要是劳动者多从事低收入工作，政府仍要鼓励剩余劳动力转移。因此，阜阳市政府应该统一规范劳务输出公司，降低劳动力转移的成本。同时，建立更多的劳务输出培训基地，提高劳动者的素质和工作能力，让更多的农民工通过培训拥有一技之长，提高他们外出务工的收入。此外，政府还应该把农村教育放到重要位置，提高农村教师的工作待遇，提高农村儿童的就学率，为他们将来更好的就业打下基础。

2. 大力度改革户籍制度，统一管理城乡户籍

城乡户籍制度提高了农民工流入的门槛，同时使他们无法完全享受到城市的公共设施及资源，这严重制约了阜阳市农村劳动力向城市的转移。因此，政府要加大力度改革户籍制度，让农民拥有与市民同等的待遇。

3. 政府应该加大对第一产业的投资

阜阳市政府应该加大对第一产业的投资，促进第一产业的升级。政府应该对养殖户和种植户予以补贴，激发他们的种植和养殖热情。同时，要定时对养殖户和种植户进行专业培训，增强其劳务技能，从而增加他们的收入。而且，政府还应提高农民的小额信贷能力，加大对农民购买农业机具的补贴。

4. 财政支出继续向农村倾斜

政府财政支出应继续向农村倾斜，加强水利建设，增强农业的抗灾能力，重视农村基础设施建设的总体规划，充分发挥规划在农村基础设施建设过程中的龙头作用。除此之外，政府还应大力发展乡镇企业，加强小城镇建设，实施统筹城乡发展，加强新农村建设，缩小城乡差距。

三 劳动力流动的效应及政策

（一）劳动力流动的效应分析

1. 劳动力流动对农村居民收入的影响

劳动力流动的原动力是城乡收入差距较大，寻求较高的收入是农民外出务工的根本原因和唯一动力。因此，外出务工的最直接效果是促进了农村居民收入增长。改革开放以前，由于户籍制度、信息、交通的限制，农民生产经营活动单一、收入来源单一，农业收入中粮食收入占主体，实物收入占很大比重，副业收入占比很少，土地和房屋都是以自用自住为主，大部分农民几乎没有财产性收入，经营性收入在家庭收入中比重甚微（夏莉艳，2010）。

20世纪90年代以来，由于农副产品和粮食价格的下跌，家庭经营性收入占比也在下降，农民外出务工收入成了每一个家庭经济的重要来源。据统计，从1997年以来，农民外出务工收入一直呈两位数增长。务工收入占农民纯收入增量的82%（1998年）、117%（1999年）、176%（2000年），2005年突破千元大关，占纯收入增量的55%。虽然比重增量下降，但工资性收入已占纯收入的1/3以上。农民务工的工资性收入快速增长，推动了农民收入的总体增长，在工资性收入中占有突出地位，它几乎成了每一个家庭赖以生存和发展的绝对支柱和依靠。如果加上农民带回的其他产业经营性收入，如回乡养殖创业、承包土地等，则劳动力流动对农民收入的提高效应更大。所以外出务工、劳动力流动对提高农民收入、缓解贫困的效应是明显和直接的。

2. 劳动力流动对农业、农村经济发展的影响

（1）调节社会劳动力结构，拓展农村剩余劳动力就业市场。随着开放性劳动力市场建立，以市场为导向的人口流动促进了社会劳动力结构的合理配置。这使更多的农村闲置劳动力有渠道、有方向、有路径、有政策保障，从而找到更合适的岗位，提高社会整体就业率和劳动力有效配置。

（2）提高农民的素质和技能，引进资金、促进城乡技术和信息交流。通过进城，让农民脱离原生态世代相连的家族，走出农耕环境，离开传统农业生产和生活方式，从土地的束缚中解放出来。通过进城，让其接受城市先进的生活方式和理念的熏陶和冲击，将有利于提高农民自身文化素质、文明程度。技术革新和产业升级造成劳动力就业门槛的提高，促使农民参与城市就业的竞争，进而提高其自身技能和竞争力。另外，由于农民工的大部分社会关系依然在农村，务工收入的大部分资金会流向农村，如抚养家庭成员、教育孩子、改善家庭环境、扩大或投资经营，养殖、添置农用机械、运输设备、厂房，这些投入也为农村农副产品的生产和销售市场的信息沟通搭起桥梁。

（3）为传统农业向现代化农业转型提供了条件。大批的劳动力长期外出务工，不少家庭放弃或用低廉价格转包土地，有条件的地方单个种植的局面将有可能改观。未来农业种植、生产和发展将向专职农户或合作社或企业承包的现代农业模式转型。随着土地流转政策的实施，土地市场交易的活跃，农业生产和土地利用将向更加集约化、高效化、市场化和现代化迈进。

（4）农业生态环境得以保护。由于大量劳动力外出务工，对农村资源的消耗减少，以前森林砍伐、河道捕捞是农村治理的难点，现在不少改革开放后几十年的边远的农村，生活条件逐渐改善，山上恢复了绿色，河里也能见鱼虾，自然生态环境得以大大改善。

当然，任何事情都有两面性，农村劳动力的流失也会给农业发展和农村带来负面效应。

（5）劳动力减少，荒芜化农地增加，农业基础受到挑战。华东师大社会调查课题组《农村社会调查2010》显示，有32.98%的熟练农业耕作技术的青壮年劳动力外出务工，25%的劳动力从事副业。真正从事农业生产的多为妇女、未成年人和老年人，所谓的农村"三八""六一""九九"现象，即妇女、儿童、老人留守农村，农村农地荒芜化现象呈现。由于长期留守农村的都是老弱病残、妇女儿童，农业新技术、新工具也难以在农村施展，严重制约农业生产的升级和转型。由于务农与打工收入悬殊，以及我国农业生产还处于传统的低层次发展阶段，低效益、高投入、低产出、高风险等因素制约，严重挫伤了农民的生产积极性，使得农村劳动力锐减。更严重的是，新生的"农二代"很多一直跟随父母在城市打工，已经不会也不愿意种田务农，他们已经回不去农村。农村未来的劳动力将面临严重短缺现象。目前，我国农村劳动力短缺、生产能力不足、结构不合理，农户劳动积极性严重不足。农业是国民经济的基础，也直接影响各行各业，与人民生活息息相关。长此以往，农业发展将受到制约，农业基础受到挑战，会威胁我国农业发展和粮食安全，影响国民经济长远发展和社会稳定。

同时，由于青壮年劳动力的流失，也带来不少农村社会问题。有些地方荒芜农地增加，村庄也开始荒凉化，不少村庄由于人员急剧减少，很多房屋长久无人居住，破败不堪，村庄逐渐萧条。还有如留守儿童教育与亲情缺失问题，农村家庭稳定受到严重的挑战，这也考验着当今农村村级治理。

3. 劳动力流动对城市管理、就业的冲击

诺贝尔经济学奖得主西蒙·库兹涅茨的"长周期理论"认为，19世纪末美国受益于人口大爆炸带来的巨大繁荣。2008年诺贝尔经济学奖得主保罗·克鲁格曼通过城市层级体系模型的精确推演，也证实人口迁徙能造成城市的兴衰。可见，人口是经济长周期中的决定性力量，人口是一个国家的命运。

第六次全国人口普查主要数据显示，2001~2010年来上海的外来人口总数增长了40.3%，远远高于5.8%的全国水平，来沪常住的外省市人口也已达到897.7万人。15~39岁的外省份来沪人口比重为65.7%（589.56万人），即上海的劳动力人口中大部分都是来自外省份的新上海人。虽然人口增多会带来诸多"城市病"问题，但限制人口来沪，绝对不是明智之举。如果保持现有人口，不再引进新增劳动力，到2040年，上海的人口总量将减少到约1900万人，60岁以上老人的数量将从347万人增加到800万人，老年人口比重将从15%增加到41%。参照东京、伦敦、纽约的情况，其劳动人口比例应常年保持在70%左右，这是一座特大型城市想要可持续发展的人口红线。

虽然目前上海15~59岁的劳动力人口为1756.38万人，占总人口的76.3%。但是如果没有外地人口的导入，这一比例将迅速下滑。据国家卫生计生委发布的《中国流动人口发展报告2016》，2015年上海第一次出现15万人外流现象。如果劳动力人口低于人口总数的一半，却又要负担起整个社会运转，这样的高老龄化城市是缺乏生命力的。所以源源不断的新生劳动力及外来人口的补给为城市的发展带来了巨大的活力。同时，这也考验着城市的整体管理，交通、就业、住房医疗等成为亟须解决的难题。

目前，我国农村有1亿~1.2亿人的剩余劳动力待转移，这些劳动力仅靠当地乡镇企业或其他方式已经无法完全消化。当初，我国农业为工业化发展原始资本积累做出很大贡献，现在又承担着解决剩余劳动力的压力。农业过剩的劳动力产生了严重的隐性失业问题，其中大部分将向城镇和非农产业转移已成为必然选择。

劳动力向城市转移对流入城市产生正、负两方面的效应。一方面，为流入地的经济发展和地区生产总值提升做出巨大贡献。有关研究表明，1979~1999年，农业剩余劳动力向外转移对我国GDP增长的贡献率高达15%以上，相当于北京、上海、广东地区生产总值的30%。另一方面，劳动力流入提高了整个社会的城市化率，推进了城市化进程。我国打工潮已延续了30多年，尽管户籍制度改革最近两年才有所松动，但依然阻挡不了浩浩荡荡的进城大军。通过多年的城市打拼和磨炼，其中不乏素质好、优秀的农民工在城市中立住脚、扎下根，在城市里找到了自己的价值。置业买房、创业，逐渐具有稳定的职业和收入，成为城市里具有竞争力的一员。同时，大量年轻的农民工进城，也为城市带来了活力，活跃了劳动力市场，降低了劳动力成本，可以更好发挥劳动力资源合理配置的空间。此外，大量新生人口流入，形成庞大的消费群体，对城市的消费、商业、服务、旅游、房地产市场都形成了强有力的支撑，可以让城市高效、便捷的集聚效应发挥到极致。

当然，劳动力的快速流入也考验着一个城市的承载力和政府的管理能力。近年来，大量的农村劳动力涌入一、二线城市，其中大多数劳动力素质不高，技能欠缺，而雇佣者因产业升级、压低成本而提高门槛，使得供求市场产生"就业危机"或"结构性失业"。大部分农民工只能选择建筑、家政、饮食等低端、低收入的服务业。由此可见，我国人口基数大，生产资料不足，当大量剩余劳动力转移到城市以后，我国经济体制改革，资本技术提高，低素质劳动力无法适应工作要求，以及劳动密集型产业的减少使得出现大面积结构性失业，进而引起负的外部效应以及连锁反应，有可能使我国陷入严峻失业的"囚徒困境"之中。

同时人口的激增，也给交通、治安、环境卫生、教育、医疗等带来了压力。总之，近年来我国劳动力流动是一次人们主动、自然选择的结果，是市场调节的结果。而对于流入城市，我们应该以怎样的姿态面对新增农民工人口，如何进行制度创新，如何规划我们的城市发展，如何加强基础设施和公共领域的建设，都将考验着政府管理理念和治理城市的能力。

（二）劳动力流动的相关政策

适应新形势下劳动力流动的趋势，我们各级政府出台了相应政策，初步归纳如下：①《关于加强劳动合同管理完善劳动合同制度的通知》（劳部发〔1997〕106号）；②2003年9月9日农业部等共同出台的《2003-2010年全国农民工培训规划的通知》（国办发〔2003〕79号）；③《国务院办公厅关于进一步做好农民工培训工作的指导意见》（国办发〔2010〕11号）；④《国务院关于解决农民工问题的若干意见》（国发〔2006〕5号）；⑤《关于在全省统一实行外来人员就业证制度的通知》（粤劳服〔1994〕57号）；⑥《浙江省人民政府关于全面推进城乡统筹就业的指导意见》（浙政发〔2006〕46号）；⑦《中共浙江省委、浙江省人民政府关于进一步加强和改进对农村进城务工人员服务和管理的若干意见》（浙委〔2006〕10号）；⑧《浙江省人民政府关于解决农民工问题的实施意见》（浙政发〔2006〕47号）。

2015年江苏省就业政策的主要目标是到2020年，城镇新增就业600万人，城镇登记失业率控制在4%以内；扶持成功自主创业60万人，带动就业300万人以上；创建以"互联网+"工作空间、网络空间、社交空间和资源空间为一体的全新创业载体，遴选认定省级创业示范基地230个；技能人才和高级技能人才资源总量分别达1200万人和380万人；推进统一规范和灵活开放的人力资源市场体系建设，公共就业创业政策和服务实现普惠均等，就业环境更加宽松和公平。

江苏省政府对劳动者创办社会组织、从事网络创业符合条件的，给予相应创业扶持。对已进行工商登记注册并办理《就业创业证》的网络商户从业人员，同等享受各项就业创业扶持政策。对未进行工商登记注册但符合条件的，可按规定享受创业担保贷款及贴息政策；其从业人员可认定为灵活就业人员，享受相应的扶持政策。这也反映出，政府的就业政策紧跟产业结构的调整和变化,产业结构的调整带动了政府就业政策的相应变化。

一系列促进劳动力流动和农民工进城就业的政策出台,对推进劳动力有效流动,缓解我国"结构性失业"产生了积极效应。但我们还需要从以下几个方面加强政策的支持和引导力度。

第一,继续深化农村体制改革,特别是农村土地流转制度的改革。

深化农村经济体制改革,健全和完善统分结合的双层经营体制,进一步完善土地流转制度。对举家外迁造成废弃荒芜的土地,可采取收回耕种权,转租承包给个体农业大户或农合组织或农业经营的企业,进行集团化、现代化规划和管理;对家庭劳动力不足的土地,可通过村集体季节性互助。总之,发展农村社会化服务体系,壮大集体经济的实力,发挥土地的最大效益,提高农业的收益率。此外,还加速农业生产资料销价及农产品收购。

加强农业生产资料销价及农产品收购价格和流通体制改革。对部分农业生产资料进行价格补贴,降低农业生产成本,提高农业收入,提高和保护农民从事农业生产的积极性,使农民在其土地上劳有所获,在外务工的农民能安心务工。要兼顾农业发展,分享流转后土地的收益,让农民得到真正的实惠和收益。只有占人口一半左右的大多数农民脱贫富裕了,我们国家才能实现真正的富裕。

第二,建立健全统一规范的劳动力市场,合理引导农村劳动力流动。

农民工个体流动具有一定的盲目性。由于受到自身素质、知识、交通、信息等约束,就业的信息大多都是老乡口耳相传的。如何根据市场要求引导劳动力的合理流向,社会各有关部门应建立与劳务市场相适应的信息监测平台和机制。有组织、有目的和有针对性地分流劳动力,缓解盲目流动造成的社会压力,促使整个社会劳动力得以合理、有效最佳配置。

第四章　城镇化*与城乡收入差距

　　自2002年十六大报告首次提出走城镇化的道路以来，如何合理有效地推动改革，促进城乡经济的共同发展具有重要意义。十七大、十八大都对城镇化的发展做出了专门指示，提出了内涵更加丰富的新型城镇化。尤其是党的十八大报告提出，要将各项城镇化举措转变为居民的实际利益，具体的措施为：第一，吸纳农民工成为市民；第二，为尚不具备转化为市民的农民工及其随行家属提供最基本的公共服务保障；第三，落实社会保障体系对城乡居民的全覆盖。2014年2月，国务院发表相关文件，指出要改变农村居民老无所依的现状，在2020年之前建立城乡两大区域统一规划管理的养老保险制度。由此，以新型城镇化为契机的一系列行政管理制度改革正在逐步实行，基础建设、基础教育、医疗社会保障等各项资源也逐步在城镇与农村之间实现均衡分配，并由传统单一的人口城镇化向产业结构、就业方式以及生活方式等全面的新型城镇化转变。新型城镇化倡导全民共同分享城镇化的成果。城乡一体化、城乡协调发展的一系列措施的推进，将大大改善和提高全体公民福利，实现城乡居民的收入差距缩小、社会福利均等将指日可待。

---

* 本书中的"城市化""城镇化"概念基本上没有差别，本书在论述过程中更多的使用"城市化"概念，但本章结合时代背景，更多使用"城镇化"概念。

一 我国城镇化背景及发展历程

（一）城镇化发展历程

我国城镇化经历了漫长曲折的过程，大致可以分为以下四个阶段。[①]

第一阶段，1949~1957年，"一五"期间，农村城市化起步较好，工业化有力地推动了城市化。1949年中华人民共和国成立时，全国城镇人口只有5765万人，农村城市化率仅为10.6%，远低于当时世界的平均水平（28%），也低于发展中国家的平均水平（16%）。此阶段，国家正处于百废待兴时期，以工业化为主体、城市为依托，进行大规模的经济建设。一大批农村劳动力进入城市，使城镇人口得到快速增长。在此期间，平均每年增加523万人，1957年城镇人口达到9949万人，城市化率上升到15.4%，平均每年提高0.6个百分点，城市数量由1949年的135个增加到1957年的178个。

第二阶段，1957~1978年农村城市化处于曲折艰难时期。全民大办工业，出现了爆发性的工业化和超高速的城市化现象。1960年，重工业产值占工业总产值的66.6%，增长速度为25.9%；城镇人口达13073万人，城市化水平达到19.7%。1961年，国民经济开始进行调整，大批城市人口下放到农村，城市数由1961年的208个下降到1964年的169个，城市化水平由1960年的19.7%下降到1964年的14.6%，出现大回落。

"文化大革命"时期，国民经济发展十分缓慢，农村城市化停滞不前。1978年全国城镇人口占总人口的比重为17.9%，比1966年的17.8%仅增长了0.1个百分点，这一比重一直徘徊在17%~18%。加上1958年《中华人民共和国户口登记条例》和1964年《公安部关于处理关于户口迁移的规定》的实施，对农村迁入城市的人口进一步实行严格控制，限制了城乡之间人口流动，农村城市化受到了严重的阻碍，出现停

[①] 以下相关数据根据相关年份的《中国统计年鉴》《中国城市统计年鉴》《中国经济与社会发展统计数据库》整理。

滞甚至倒退。

第三阶段，1979年以来，中国农村城市化进入了一个新的快速发展时期。农村城市化成为中央政府重要的议程，被列入国家发展规划。"小城镇、大战略"成为该时期中国农村城市化发展的主旋律。小城镇的发展尤为迅速，乡镇企业异军突起。1978年，中国城市只有193个，城镇人口只有17245万人，城市化水平仅为17.9%。到2004年，城市数量增加到666个，城镇人口增长到54283万人，城市化水平提高到41.8%。2012年，城市化水平为51%，2013年为52.6%，2015年为56.1%。

第四阶段，新型城镇化阶段。目前我国城市化进入到从量变到质变的发展时期，由于城市的扩张，土地政策的改变，大量农村土地特别是郊区土地的征收与流转，至少1亿农民需要进城成为市民。2016年9月19日，北京出台关于取消农村户籍的政策，至此已有除西藏以外的30个省区市出台相应户籍改革政策，持续60年的城乡户籍制度迁移政策已经全面松绑，城镇化发展将进入一个全新的时代。

（二）我国城镇化发展特征

（1）从发展思路看，国家在农村城市化发展进程中的思路和政策变迁经历了一些波动。早在1978年，中央就提出了"控制大城市，多搞小城镇"的思路。1980年10月和1986年12月，两次全国城市规划工作会议上明确指出，中国城市发展的基本方针是"控制大城市规模，合理发展中等城市，积极发展小城镇"。这一方针得到国务院批准，并付诸实施。1990年，《中华人民共和国城市规划法》提出"国家实行严格控制大城市规模，合理发展中等城市和小城市的方针，促进生产力和人口的合理布局"的指导思想。2014年，我国再次提出走新型城镇化道路的策略。

（2）从发展阶段看，中国农村城镇化正处于加速发展期。从第一阶段为1949~1957年，工业化助推城镇化起步；1957~1978年农村城市化处于曲折艰难倒退期；直至1978年改革开放以来，中国农村城市化进入了一个迅猛、高速发展时期及现阶段的新型城镇化的转折期。

（3）从发展水平上看，其一，我国城市化水平大部分年份都低于发达国家的水平，如 1997 年我国 44% 的城市化率大大低于发达国家 75% 的水平。其二，城市化严重滞后于工业化，1952 年，城市化比工业化低 7 个百分点，到 1978 年二者差距达到 27 个百分点。改革开放以来，城市化水平虽然提高很快，但仍然严重滞后于工业化水平。其三，城市化水平落后于经济发展水平，1997 年中国人均 GDP 为 860 美元，城市化水平为 29.9%，同年人均 GDP 在 630～1090 美元的 12 个国家平均城市化水平为 41.3%，高出中国 11.4 个百分点。1997 年，若按世界银行购买力评价（PPP）计算，中国人均 GDP 为 3570 美元，同年人均 GDP 在 2040～4840 美元的 28 个国家平均城市化水平为 52.6%，与中国城市化水平相比，高出 22.7 个百分点[①]。

世界范围的城市化是由工业革命带来的，1800 年世界城市化率不到 3%，而到现在已经超过 50%。其中一个主要原因就是工业革命催生出巨大的工业化效应，财富大幅积累、人口大量向城市聚集。曼彻斯特、底特律都是这种路径的代表。

中国的城市化进程是在工业化推动下的结果。1949 年，中国只有四座人口上百万人的城市，分别是上海、南京、广州、北京，其中上海的人口最多，达到 500 万人左右，接近当时中国城市人口总数量的 1/10。上海之所以能够聚集这么多人口，主要是因为当时上海，尤其在上海租界成了名副其实的中国工业中心。当时第二次世界大战欧洲战场很多士兵的衣服都来自于上海的工厂，这算是最早的中国纺织外贸模式。

中华人民共和国成立以后，中国把更多的工业放在了东北和其他区域的特大城市以及三线城市。靠工业拉动农民进城，推动城市化率的提高，这也是东三省城市化率一直高于全国其他省份的历史原因。但真正推动中国城镇化率急速提高的是改革开放后的东莞、苏州这样的加工贸易模式城市。应该说在中国的城镇化进程中，工业发展起到了绝对的主导作用。没有工业发展带来的对劳动力的需求和就业增长，就不可能有大量农民进城，也不可能有今天快速的城市化，所以城市化率的提高一般都伴随着工业的发展和产业的提升。

---

① 根据相关年份的《中国统计年鉴》《中国城市统计年鉴》《中国经济与社会发展统计数据库》整理。

二 城镇化与产业结构、劳动力流动

随着中国城镇化的进一步推进，最近几年，工业化对当下的中国城镇化的作用日益弱化，工业的绝对主导作用在下降。2012年全年工业增加值为19.986万亿元，占整个GDP总量（51.9万亿元）的比重高达38.5%，而同期中国的城镇化率只有52.6%，户籍城镇化率只有36%。相比同期欧美国家的工业化率只有不到20%，城市化率已经到了80%左右（对应的是中国公共服务均等化的户籍城镇化率）。

（一）工业化对城镇化的拉动陷入瓶颈

在中国，户籍人口最多的省份——河南在2012年的工业化率高达51.5%，但其常住人口城镇化率只有42%。对比发现，中国的工业化对城镇化的带动作用远远低于欧美国家。这在一定程度上说明中国当前的工业化对城镇化的拉动作用日益减弱，或者说城市化程度严重落后于工业化。有以下几点原因。

其一是中国城镇化的相关制度改革滞后。中国改革开放后，通过工业化带动了2.6亿农民工进城，但这些农民工到现也没有享受到公共服务均等化，相当于半城市化状态。户籍、土地、财税、投融资、行政等方面的制度改革滞后，使得社会不公平的现象和体制得以存在，并且使得城镇化率与工业化率并非同步增长和提高，尤其是并未带动最有价值的户籍城镇化率的提高。这也表明，当下中国城镇化要想健康可持续地提高，重在依靠制度改革来推进，所以这轮新型城镇化更是制度的一个突破。

其二是服务业开始发力，逐渐成为拉动城镇化的主力军。当前中国服务业发展日益迅速，中国第三产业在2012年首次超过了制造业和建筑业加起来的第二产业的规模，2014年我国第三产业占GDP的比重首次超过第二产业。2014年上半年，第三产业增加值占GDP的比重已达46.6%，2015年超过50%，第三产业占比持续上升表明，预测2035年达到70%，我国的经济结构正在发生重大变化，转型升级已到了关键阶段。

其三是第三产业是由消费者引导的，以服务为导向，而且因为服务业所雇佣的劳动力要比整个制造业和建筑业多30%的就业，所以它也是劳动密集型产业，同时也是资源消耗减少或缩减的一个行业，因为它与建筑业、制造业相比，其消耗会更少，资源更加节约。同时，第三产业涉及人员中30%参与的人都是来自农村的劳动力，这为实现农村劳动力的转移、农民市民化、消除贫困、消除二元结构的城乡差别体制以及推进中国城市化进程将起到关键性的作用。

（二）大力挖掘第三产业就业潜力，引导农村劳动力的转移

1. 三次产业对就业的吸纳比较

根据国家统计局统计数据，2011年三次产业的就业人员数量分别为26594.2万人、22543.9万人和27281.9万人，而到2014年，分别为22790万人、23099万人和31364万人。其中，第一产业的就业人员数量持续下滑，第二、三产业的就业人员数量不断增加，而且第三产业的就业人员数量增长幅度远大于第二产业。以上数据说明，在2011~2014年，三次产业的就业人员结构发生了巨大变化。第一产业的就业人员大量流向第二、三产业，且主要流向第三产业。这也从侧面反映了我国三次产业结构的发展与趋势。

但是从三次产业占国民经济的比重来看，第一产业的就业人员数量占全部就业人员数量的比重仍超出了其应该配置的水平，第三产业的就业人员数量也呈现不足状态。这说明我国农业仍然占有大量的劳动力资源，而服务业由于就业人员不足，发展被严重制约。第三产业占就业比重在2011年首次超过第一产业，跃居第一，此后逐年增加，已成为吸纳就业的绝对主力。2013年全国就业人员中，第一产业就业人员占31.4%，第二产业就业人员占30.1%，第三产业就业人员占38.5%。服务业具有就业吸纳能力强的特点，随着其比重日益提高，其就业承载力也会增强，这也是尽管中国近年GDP增幅大幅下滑的情况下，就业并没有出现问题的原因所在，同时它也成为拉动城镇化率增长的主要力量。从河南一个

反面案例可以看出，因为其服务业发展太落后，所以城市化率偏低，2005年河南服务业的比重是30%，到2012年是30.2%，从2008年到2012年只增加了0.2%，在全国排名倒数第一。

2. 国家产业政策导向对就业的影响

近年来，我国第三产业快速发展主要得益于国家政策的扶持效应，党中央、国务院十分重视第三产业发展，陆续出台支持现代物流业、高技术、节能、家政服务、文化产业、体育产业等第三产业发展的政策措施，在财税、信贷、土地和价格等方面不断深化、细化和完善促进第三产业发展的政策体系，重点加快推进服务领域改革，加大政策扶持力度，拓宽投融资渠道，加大了对第三产业的投入力度，不断优化第三产业发展环境等，有力地促进了我国第三产业快速发展。

3. 产业结构升级，城镇化道路加快劳动力流动

产业结构的调整、升级与优化是一个国家、地区产业发展中面临的共同问题。但由于各个地区产业发展轨迹和路径不同，其产业结构调整所面临的形势、任务与对策也有差异。通过调整和优化阻碍经济发展的产业结构，提高资源配置效率，从而提高就业需求，推动劳动力流动和城市化进程。

我国政府也提出加大信息化与工业化的融合。因为信息化、智能化程度越高，工业对就业的需求就越会下降。就业需求小，人口城镇化面临减速。目前，中国的重化工业领域过剩极为严重，尤其是钢铁等领域，从而必然会抑制工业规模的扩大，依赖工业化来拉动城镇化明显乏力。经济发展迫切需要寻找新兴产业，产业调整、结构升级势在必行。

近年来，中国沿海等发达地区吸引了大批的农村劳动力就业，尤其是技术含量较低的劳动密集型产业。随着产业结构调整，低端产品逐渐退出市场，这对农村劳动力的流向产生了巨大影响。

首先，从农村劳动力就业的产业选择来看（见表4.1）。与2014年相比，2015年农村劳动力在第三产业就业的比例提高到44.5%，比上年上升1.6个百分点；其中，从事制造业的农民工比重为31.1%，下降0.2个百分点；从事建筑业的农民工比重为21.1%，下降1.2个百分点；从事第一产业的农民工比重仅为0.4%，也下降0.1个百分点。

表 4.1　农民工就业行业分布（2014~2015 年）

单位：%

行业分布	2014 年	2015 年	增减（百分点）
第一产业	0.5	0.4	-0.1
第二产业	56.6	55.1	-1.5
其中：制造业	31.3	31.1	-0.2
建筑业	22.3	21.1	-1.2
第三产业	42.9	44.5	1.6
其中：批发和零售业	11.4	11.9	0.5
交通运输、仓储和邮政业	6.5	6.4	-0.1
住宿和餐饮业	6.0	5.8	-0.2
居民服务、修理和其他服务业	10.2	10.6	0.4

资料来源：国家统计局，2016，《2015 年农民工监测调查报告》，参见 http://www.stats.gov.cn/tjsj/zxfb/201604/t20160428_1349713.html，最后访问日期：2017 年 8 月 6 日。

这与我国优化产业结构、生产要素逐渐向第三产业转移的调整相一致。虽然农村劳动力就业仍有一半以上选择第二产业如制造业、建筑业等劳动密集型产业，但就业的数量已经呈现负增长的状态，只有第三产业就业呈现正增长的态势。

其次，从农村劳动力就业的地区来看。相对于东部地区，在中、西部地区从事第三产业的农民工比重提高较快。分别比上年提高了 1.9 和 3.1 个百分点（见表 4.2）。其中，在中部地区从事批发和零售业的农民工占 13.9%，从事居民服务、修理和其他服务业的农民工占 11.5%，分别比上年提高 0.7 和 0.6 个百分点；在西部地区从事批发和零售业的农民工占 14.8%，从事居民服务、修理和其他服务业的农民工占 12.9%，分别比上年提高 1.7 和 1.1 个百分点。

表 4.2　东、中、西部地区的农民工产业分布

单位：%

产业	东部地区 2014 年	东部地区 2015 年	中部地区 2014 年	中部地区 2015 年	西部地区 2014 年	西部地区 2015 年
第一产业	0.4	0.4	0.4	0.3	0.8	0.7
第二产业	61.2	60.2	52.5	50.7	47.1	44.1
第三产业	38.4	39.4	47.1	49.0	52.1	55.2

资料来源：国家统计局，2016，《2015 年农民工监测调查报告》，参见 http://www.stats.gov.cn/tjsj/zxfb/201604/t20160428_1349713.html，最后访问日期：2017 年 8 月 6 日。

近年来，随着我国经济结构调整与产业转型升级步伐的加快，我国产业转移呈现新的特征。东部地区更加注重对转移地综合制造成本和产业配套能力的考量，随着中西部地区产业环境和配套发展逐渐成熟，东部产业呈现链条式、集群式地转移到中西部的趋势，不仅仅局限于传统低端产业，已逐步扩展到电子信息、装备制造、新能源等高端产业，产业转移也实现从生产要素约束型转向产业布局的优化过渡和升级。而农村劳动力就业主要偏向于劳动密集型产业，随着产业逐渐向中、西部地区转移，农村劳动力也逐渐流向中、西部，从而出现近几年劳动力"回流"和东部地区"民工荒"现象。由此可见，产业结构的调整与优化，对农村劳动力的流向地区有重要的牵引作用。

产业结构的调整与升级在一定程度上对农村劳动力的流向起了重要的引导作用。反之，又影响了产业的布局与调整，二者呈现相互影响的交互作用。

三 城镇化与城乡收入差距的实证研究
——以浙江省为例

（一）浙江省城乡收入差距的一般趋势

作为中国发达的东部城市，浙江省的城乡收入差距始终低于全国的平均水平。这得益于其优越的地理位置以及国家实行的"梯度推进战略"，浙江的广大农村地区容易接受周边城市的经济辐射，城乡经济相互促进、共同发展，城乡矛盾和不平衡更温和。从趋势来看，浙江省的变化趋势与全国城乡收入比的变化趋势基本一致，经过较长一段时间的波动上升后，近年来城乡收入差距出现了向下拐头的趋势，即倒"U"形曲线的后半部显现（见图4.1、图4.2）。

由于城市跟农村的通货膨胀率有所不同，为了更加合理地观察城乡收入差距，本章以1979年数据定为1，将各年的收入除去了累计的CPI变动幅度，另外由于农村地区1979~1984年CPI数据的缺失，考虑到当

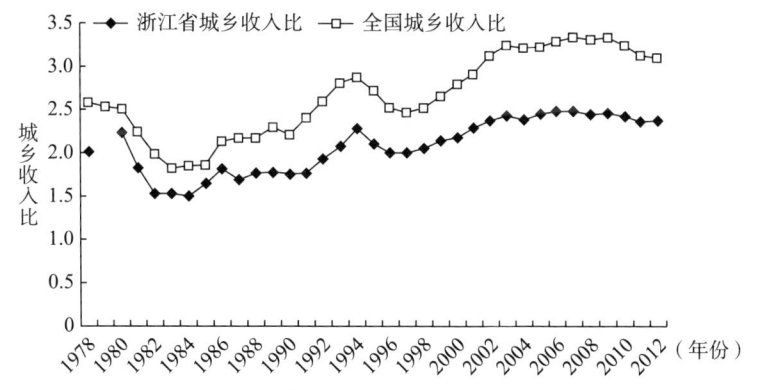

图 4.1　1978~2012 年浙江省城乡收入比与全国城乡收入比

注：浙江省 1979 年收入比数据缺失；2013 年起国家统计局采用了不同的统计路径，鉴于数据的可比性，没有纳入 2013 年后的数据。

资料来源：历年《浙江统计年鉴》，历年《中国统计年鉴》。

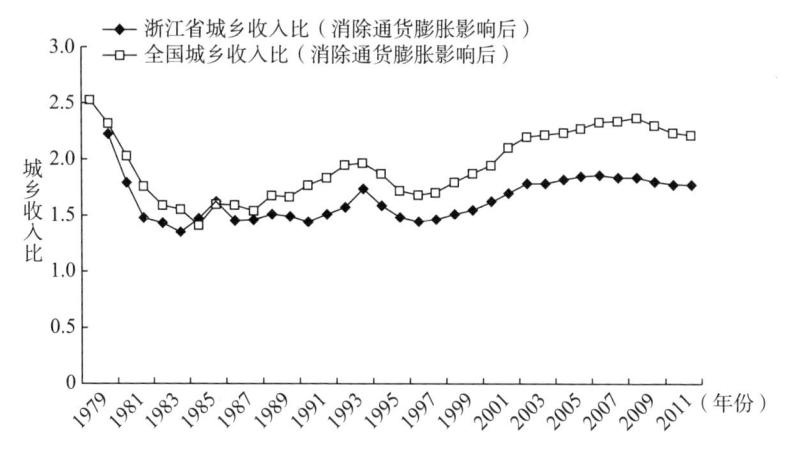

图 4.2　1978~2012 年浙江省城乡收入比与全国城乡收入比（消除通货膨胀影响后）

注：浙江省 1979 年收入比数据缺失；2013 年起国家统计局采用了不同的统计路径，鉴于数据的可比性，没有纳入 2013 年后的数据。

资料来源：历年《浙江统计年鉴》，历年《中国统计年鉴》。

时的通货膨胀率很小所以将这几年的 CPI 累加计算变动幅度。图 4.2 是消除了通货膨胀对城乡收入差距影响后的城乡收入比，我们可以发现，总体趋势还是与图 4.1 相似，但浙江省城乡收入比的绝对数明显低于全国平均水平，基本在 2.5 以下，从 2002 年以后基本是持平且稍有向下趋势。

从图 4.3 可以看出改革开放以来，浙江省城镇居民人均可支配收入一直高于全国平均水平且相差的绝对值越来越大，例如 2012 年浙江省城镇居民人均收入为 34550 元，是全国平均水平的 140.6%，在全国的人均收入排名中较为靠前。

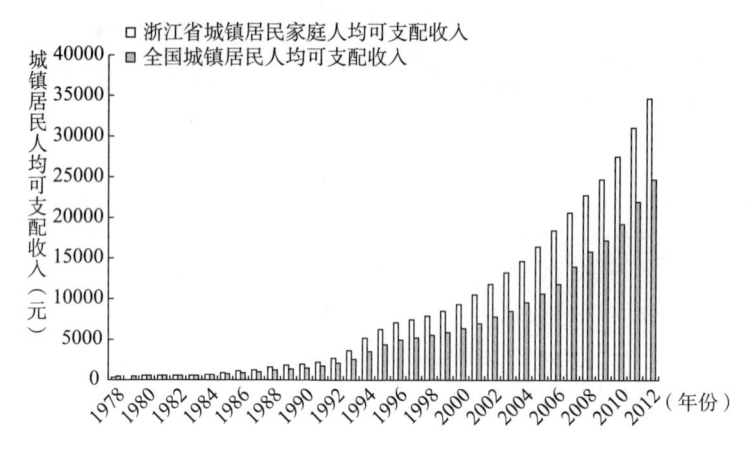

图 4.3　1978~2012 年浙江省城镇居民人均可支配收入与全国城镇居民人均可支配收入对比

注：浙江省1979年收入比数据缺失；2013年起国家统计局采用了不同的统计路径，鉴于数据的可比性，没有纳入2013年后的数据。

资料来源：历年《浙江统计年鉴》，历年《中国统计年鉴》。

从图 4.4 可以看出浙江省农村居民的人均纯收入也是一直高于全国平均水平并且绝对值有不断扩大的趋势，2012 年的数据显示，浙江省农村

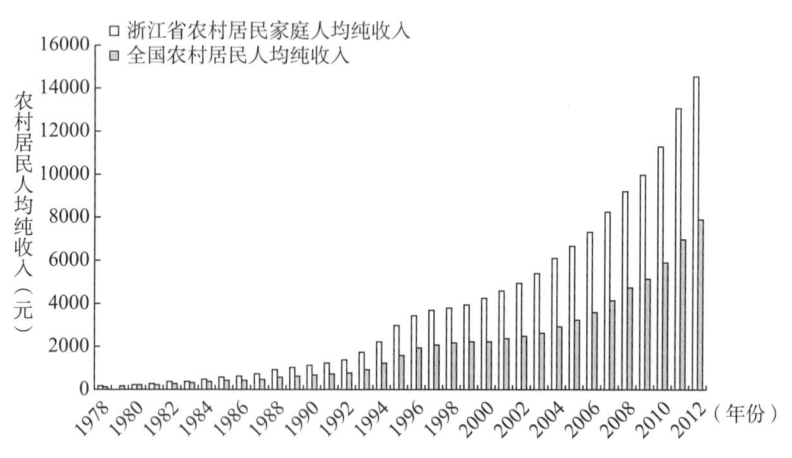

图 4.4　1978~2012 年浙江省农村居民人均纯收入与全国农村居民人均纯收入对比

注：浙江省1979年收入比数据缺失；2013年起国家统计局采用了不同的统计路径，鉴于数据的可比性，没有纳入2013年后的数据。

资料来源：历年《浙江统计年鉴》，历年《中国统计年鉴》。

居民人均纯收入为14552元，是全国平均水平7917元的1.84倍。但从相对量来看，近年来农村居民的人均纯收入超过全国平均水平的幅度是高于城镇居民的。这也是浙江省城乡收入比在近年来呈逐渐下降趋势的一个表现，也可看出农村居民收入的大幅提高对缩小城乡收入差距的作用是非常显著的。

（二）浙江省城镇化发展现状

从图4.5可以看出浙江省的城镇化水平从改革开放以来一直高于全国城市化平均水平，处于上升的状态，尤其以1992~2002年上升速度最快，2001年达到50%（世界平均水平），2014年达到65.8%，远高于全国52%的平均水平，同时经济总量也明显高于其他省份。2000年以后城乡差距进入一个平稳期，特别是2008年以后迅速下降，收敛速度明显。这与倒"U"形理论，即当城市化水平达到50%时，收入差距将缩小的结论不谋而合。

图4.5 1978~2014全国与浙江省城市化率与城乡收入发展趋势

注：由于城镇人口数据难以获得，这里的城市化率计算采用的是非农人口数除以总人口数计算出来的，接近于户籍人口城市化率。

资料来源：历年《浙江统计年鉴》、历年《中国统计年鉴》。

（三）研究方法及模型介绍

1. VAR 模型选择

结构建模方法是利用经济理论来描述变量之间的关系，但是经济理论往往不能为变量间动态关系提供严格的定义，为了解决内生变量，因此产生了有关多变量建模的非结构方法。我们采用非结构化的多方程模型，即向量自回归模型（Vector Auto Regression，VAR），研究城镇化对收入差距的影响路径。

向量自回归通常用于相关时间序列系统的预测和随机扰动对变量系统的动态影响。模型避开了结构建模方法中需要对系统中每个内生变量关于所有内生变量滞后值函数的建模问题。一般的 VAR 模型的数学表达式为：

$$y_t = A_1 y_{t-1} + A_2 y_{t-2} + \cdots + A_p y_{t-p} + B_1 x_t + B_2 x_{t-2} + \cdots + B_r x_{t-r} + \varepsilon_t \tag{1}$$

其中，y_t 是 m 维内生向量变量，x_t 是 d 维外生变量向量，A_1，A_2，$\cdots$，A_p 和 B_1，B_2，$\cdots$，B_r 是待估计的参数矩阵，内生变量和外生变量分别有 p 和 r 阶滞后期。ε_t 是随机扰动项，其同时刻的元素可以彼此相关，但不能与自身滞后值和模型右边的变量相关。这样可以用 OLS 法估计每一个方程，得到的参数估计量都具有一致性。

公式（1）中内生变量有 p 阶滞后期，所以可称为一个 VAR（p）模型。在实际应用中，通常希望滞后期 p 和 r 足够大，从而完整反映所构造模型的动态特征，但滞后期越长，模型中待估计的参数就越多，自由度就越少。因此，应在滞后期和自由度之间寻求一种均衡状态，一般根据赤池信息准则（Akaike Information Criterion，AIC）和施瓦茨准则（Schwarz Criterion，SC）信息量取值最小的原则确定模型的阶数。

2. 脉冲响应函数

在向量自回归 VAR 模型的基础上，我们可以通过脉冲响应函数（Impulse Response Function，IRF）随机扰动项的一个标准差变动来考察它对内生变量及其未来取值的影响。考察两变量的 VAR（2）模型：

$$\begin{cases} x_t = a_1 x_{t-1} + a_2 x_{t-2} + b_1 y_{t-1} + b_2 y_{t-2} + \varepsilon_t \\ y_t = c_1 x_{t-1} + c_2 x_{t-2} + d_1 y_{t-1} + d_2 y_{t-2} + \varepsilon_t \end{cases} \quad (2)$$

其中 a_i，b_i，c_i，d_i 是参数，扰动项 $\varepsilon_t = (\varepsilon_1, \varepsilon_2)$ 是白噪声向量。假定上述 VAR（2）系统从第 0 期开始活动，设 $x-1 = x-2 = y-1 = y-2 = 0$，又设在第 0 期 x 给定了扰动项并且其后均为 0，即称此为第 0 期给予脉冲，x_t 和 y_t 对此脉冲的响应如下：

当 $t = 0$ 时，$x_0 = 1$，$y_0 = 0$；

将此结果代入公式（2），得出当 $t = 1$ 时，$x_1 = a_1$，$y_1 = c_1$；

再将此结果代入公式（2），得出当 $t = 2$ 时，$x_2 = a_1^2 + a_2 + b_1 c_1$，$y_2 = c_1 a_1 + c_2 + d_1 c_1$。

重复这样的迭代过程，可以求得如下结果：x_0，x_1，x_2，x_3，$\cdots$，x_t 和 y_0，y_1，y_2，y_3，$\cdots$，y_t；其中 x_0，x_1，x_2，x_3，$\cdots$，x_t 称为由 x 的脉冲引起的 x 响应函数；y_0，y_1，y_2，y_3，$\cdots$，y_t 称为由 y 的脉冲引起的 y 响应函数。

同理，当 $\varepsilon_{10} = 0$，$\varepsilon_{20} = 1$ 时，可以求得由脉冲引起的各变量的响应函数。

3. 方差分解分析

方差分解分析（Variance Decomposition Analysis）是通过分析每一个结构冲击对内生变量变化的贡献度，进一步测度不同结构冲击的重要性。

由 VAR（∞）的表达式：$y_t = (I_k + C_1 L_1 + C_2 L_2 + \cdots + \varepsilon_t)$，$t = 1, 2, \cdots, T$，其中 y_t 的第 i 个变量 y_{it}，可以写成：

$$y_{it} = \sum_{j=1}^{k} (c_{ij}^{(0)} \varepsilon_{ij} + c_{ij}^{(1)} \varepsilon_{ij-1} + c_{ij}^{(2)} \varepsilon_{ij-2} + \cdots), i,j = 1,2,\cdots,k; t = 1,2,\cdots,T \quad (3)$$

k 是变量个数。由于各个括号中的内容是第 j 个扰动项 ε_j 从无限过去到现在时点对影响的总和。假定 ε_j 无序列相关，我们对其求方差，有：

$$E[(c_{ij}^{(0)} \varepsilon_{jt} + c_{ij}^{(1)} \varepsilon_{ij-1} + c_{ij}^{(2)} \varepsilon_{ij-2} + \cdots)^2] = \sum_{q=0}^{\infty} (c_{ij}^{(q)})^2 \sigma_{jt}, i,j = 1,2,\cdots,k \quad (4)$$

这是把第 j 个扰动项对第 i 个变量从无限过去到现在时点的影响，用方差加以评价的结果。假定扰动项向量的协方差矩阵 Σ 是对角矩阵，则它的方差是上述方差项的简单和：

$$\text{VAR}(y_{it}) = \sum_{j=0}^{k}\left\{\sum_{q=0}^{\infty}(c_{ij}^{(q)})^2\sigma_{ij}\right\} \tag{5}$$

y_t 的方差可以分解成 k 种不相关的影响，相对方差贡献率（RVC）可以用于测定各个扰动项相对 y_t 的方差有多大程度的贡献，其公式为：

$$\text{RVC}_j \to i(\infty) = \frac{\sum_{q=0}^{\infty}(c_{ij}^{(q)})\sigma_{ij}}{\text{var}(y_{it})} = \frac{\sum_{q=0}^{\infty}(c_{ij}^{(q)})^2\sigma_{ij}}{\sum_{j=0}^{k}\left\{\sum_{q=0}^{\infty}(c_{ij}^{(q)})^2\sigma_{ij}\right\}}, i,j=1,2,\cdots,k \tag{6}$$

RVC 是根据第 j 个变量基于冲击的方差对 y_t 的方差的相对贡献度来测度第 j 个变量对第 i 个变量的影响。

（四）浙江省城镇化与城乡收入差距的实证分析

1. 变量选择及数据来源

城镇化水平（UR）。通过分析发现，城镇人口比重与非农人口比重高度相关，因此，这里用非农人口占总人口的比重来衡量城镇化水平，即城市化率＝非农人口/总人口。

城乡收入差距（IG）。衡量城乡收入差距的指标有城乡收入比、城乡消费支出比以及泰尔指数等。学界一般选用城乡收入比来衡量城乡收入差距，而消费支出比剔除了收入中用来储蓄的部分，用来说明生活水平差距更合适。这里选用了城乡收入比（城镇居民可支配收入/农村居民纯收入）来衡量城乡收入差距，在计算这个指标时，需要把城乡的物价的差异剔除掉，也就是要用 CPI 来消胀。根据数据的可得性以及可比性，本书所使用的样本取自 1980~2014 年的年度数据，样本容量为 34，数据来源于《浙江统计年鉴》《中国统计年鉴》。另外，由于数据的自然对数变换不会改变原来的协整关系，并能使其趋势线性化，消除时间序列中存在的异方差，所以对变量进行自然对数变换，变换后的变量分别用 LNUR、LNIG 来表示，趋势如图 4.6 所示。本书的分析工具为 Eviews 6.0。

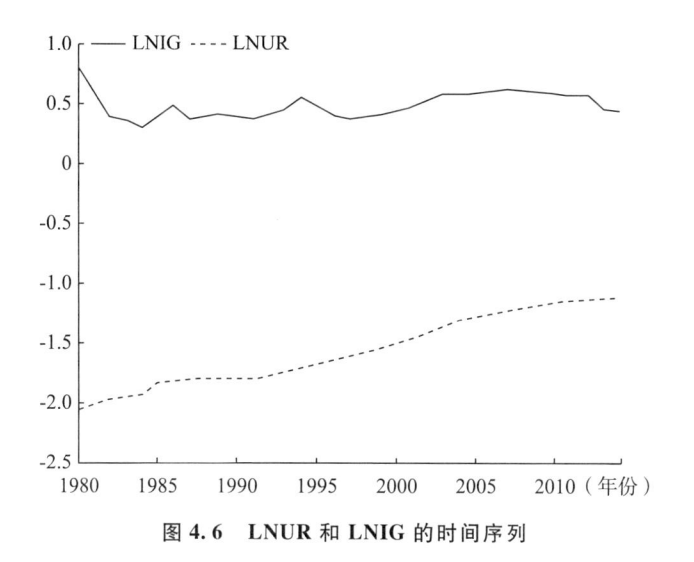

图 4.6　LNUR 和 LNIG 的时间序列

2. 变量的单位根检验

由于多数时间序列经济变量是非平稳性的，可能出现伪回归问题。本书利用 Dickey 和 Fuller（1974）提出的 ADF（Augmented Dickey-Fuller）检验法对各变量进行单位根检验。ADF 检验模型有三种设定模式：①不含漂移项和趋势项；②只含漂移项不含趋势项；③既含漂移项也含趋势项。选用的模式是否合适直接影响到 ADF 检验的功效。本书通过 Eviews 6.0 软件得出检验结果如表 4.3 所示。由表 4.3 我们可以得知各变量的原始值都是平稳的，因此我们认为各变量的水平值皆是 I（0）时间序列。

表 4.3　ADF 检验结果

变量	检验形式 (C, T, L)	检验值	临界值	结论
LNUR	(0, 0, 1)	－3.075	－2.637[***]	平稳
LNIG	(C, T, 1)	－3.795	－3.553[**]	平稳

[*] 表示 10% 显著水平下的临界值，[**] 表示 5% 显著水平下的临界值，[***] 表示 1% 显著水平下的临界值。

说明：△LNUR 表示 LNUR 的一阶差分，其余类同；(C, T, L) 表示检验模型含有截距项、趋势项、滞后阶数为 L。

在此基础上，我们以时间序列 LNUR 和 LNRAGDP 建立 VAR 模型如下：

$$LNUR_t = \sum_{t=1}^{p} \alpha_1 LNUR_{t-1} + \sum_{j=1}^{r} \beta_1 LNIG_{t-j} + \varepsilon_{1t}$$

$$LNIG_t = \sum_{t=1}^{p} \alpha_2 LNUR_{t-1} + \sum_{j=1}^{r} \beta_2 LNIG_{t-j} + \varepsilon_{2t} \tag{7}$$

模型中滞后阶数 2 是根据 AIC 和 SC 准则结合决定性残差协方差、对数似然值进行的选择，如表 4.4 所示。

表 4.4 滞后期长度准则

滞后期(Lag)	对数似然函数(LogL)	似然比检验(LR)	最终预测误差(FPE)	AIC 准则	SC 准则	HQ 准则
0	42.59006	NA	0.000293	−2.460003	−2.369306	−2.429486
1	139.1440	175.5526	1.07e−06	−8.069331	−7.797239	−7.977781
2	147.0722	13.45402*	8.50e−07*	−8.307408*	−7.853921*	−8.154823*

3. 实证结果

对 (7) 式 VAR 模型使用 Eviews 6.0 进行分析，得到 VAR 模型如下：

$$\begin{bmatrix} LNUR \\ LNIG \end{bmatrix} = \begin{bmatrix} 1.40912331743 & -0.398731792244 \\ 1.10055026213 & -0.958558786992 \end{bmatrix} \begin{bmatrix} LNUR(-1) \\ LNUR(-2) \end{bmatrix} +$$

$$\begin{bmatrix} -0.0846504426106 & 0.0236372146677 \\ 0.680047255039 & 0.247694404036 \end{bmatrix} \begin{bmatrix} LNIG(-1) \\ LNIG(-2) \end{bmatrix} + \begin{bmatrix} 0.0615252918633 \\ 0.467382017186 \end{bmatrix} \tag{8}$$

由表 4.5 和表 4.6 可以看出，模型整体效果良好。其中 LNUR 和 LNIG 两个方程的调整决定系数分别为 0.995871、0.774788。决定性残差协方差为 6.41E−07，对数似然值为 147.0722，AIC 准则值为 −8.307408，SC 准则值为 −7.853921。说明 VAR 模型稳定且符合各项计量统计标准，可以作为进一步分析的依据。

表 4.5 VAR 模型滞后阶数选择信息量（一）

残差协方差	6.41E−07
对数似然值	147.0722
AIC 值	−8.307408
SC 准则	−7.853921

表 4.6　VAR 模型滞后阶数选择信息量（二）

	LNUR	LNIG
R^2	0.996387	0.802939
调整后的 R^2	0.995871	0.774788
残差平方和	0.009430	0.056020
回归方程标准差	0.018352	0.044729
F 统计量	1930.351	28.52207
对数似然值	87.82078	58.42111
AIC 准则	-5.019441	-3.237643
SC 准则	-4.792698	-3.010899
均值	-1.546296	0.476359
变量标准差	0.285588	0.094254

4. 格兰杰因果关系检验

表 4.7　城镇化与城乡收入差距序列之间的因果关系检验结果

原假设	滞后期	样本观测个数	F - 统计值	P 值
LNUR 不是 LNIG 的格兰杰原因 LNIG 不是 LNUR 的格兰杰原因	1	34	15.0615 0.00116	0.005 0.9730
LNUR 不是 LNIG 的格兰杰原因 LNIG 不是 LNUR 的格兰杰原因	2	33	7.18655 0.84383	0.0030 0.4407
LNUR 不是 LNIG 的格兰杰原因 LNIG 不是 LNUR 的格兰杰原因	3	32	5.71531 1.16711	0.0040 0.3420
LNUR 不是 LNIG 的格兰杰原因 LNIG 不是 LNUR 的格兰杰原因	4	31	4.34885 1.22791	0.0096 0.3277

根据表 4.7 可以得出城镇化和城乡收入差距之间的关系如下：在滞后期为 1 期到 4 期时，LNUR 不是 LNIG 的格兰杰原因的 P 值概率都小于 0.01，也就是在显著性水平为 1% 的情况下拒绝原假设，说明城市化是城乡收入差距的格兰杰原因；而在滞后期为 1 期到 4 期时，LNIG 不是 LNUR 的格兰杰原因的 P 值都在 30% 以上，没有理由认为城乡收入差距是城市化的格兰杰原因。因此可以认为，浙江省自改革开放以来的城镇化进程促进了城乡收入差距的扩大。1978～2000 年以前，城乡收入差距都处于快速上升阶段，2000 年以后才开始平缓，近几年又有下降趋势。

5. 稳定性检验

由于非稳定的 VAR 模型不可以做脉冲响应函数分析，所以在进行脉冲响应函数分析之前需要进行稳定性检验。从图4.7可以看出，该VAR模型的4个根的倒数值都落在单位圆内，说明这是一个平稳的VAR模型，可以继续进行脉冲响应函数分析。

6. 脉冲响应函数

要想知道各变量的单位变化如何通过其内在联系引起对整个系统的扰动，以及各变量对这些扰动的综合反应，就需要通过VAR模型对LNUR和LNIG之间的关系做脉冲响应函数分析。如前所述，脉冲响应函数是追踪系统对一个内生变量的冲击效果。脉冲响应分析不关注一个变量的变化对另一个变量的影响如何，而是分析当一个误差项发生变化或者说模型受到某种冲击时，对系统的动态影响状况。在（7）式建立的VAR（2）模型中，我们分别考虑每一个变量作为因变量时，来自其他变量包括因变量自身的滞后值的一个标准差的随机扰动所产生的影响，以及其影响的路径变化。（7）式中的随机扰动项 ε 就是新息（Innovation）。由上面所得到的VAR（2）模型，我们可以得到城镇化和城乡收入差距之间相互冲击动态响应路径。考虑到样本的容量，将冲击期设定为16期。脉冲响应函数轨迹如图4.7、图4.8所示。图4.7、图4.8的横轴表示冲击作用的滞后期间数，纵轴表示内生变量对冲击的响应程度，曲线表示脉冲响应函数。图4.7反映了LNUR对自身和LNIG变化的冲击响应。

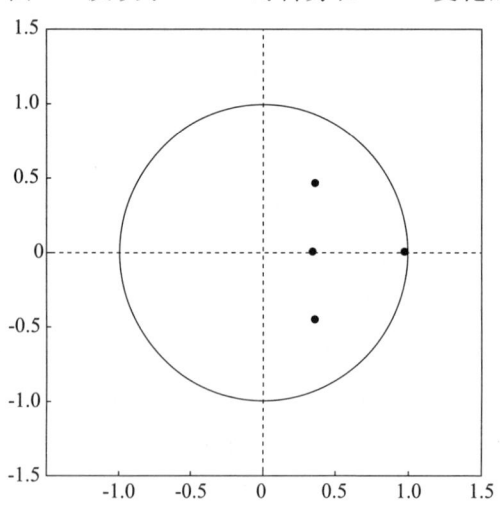

图4.7　VAR模型的倒数特征根分布

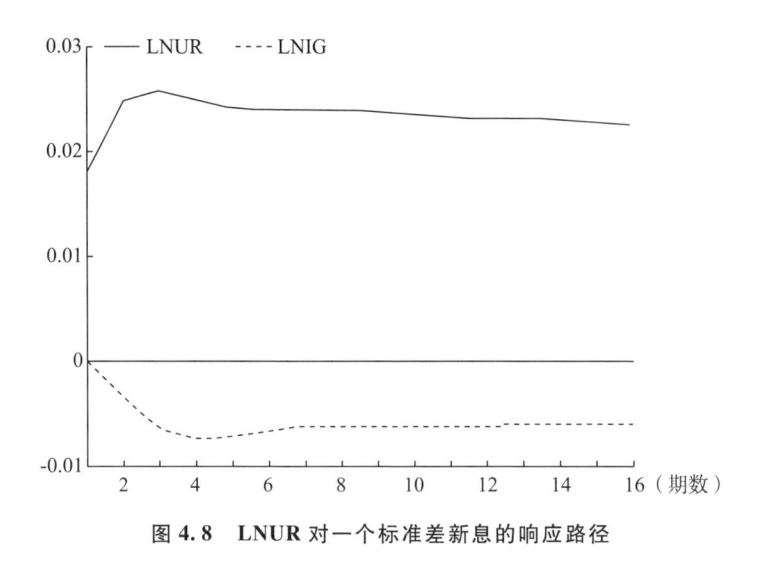

图 4.8 LNUR 对一个标准差新息的响应路径

首先，考察 LNUR 对自身的响应函数。本期给城镇化自身一个正的标准差冲击会使自身同向浮动，响应曲线呈现先上升后缓慢下降的趋势，其中在第 1~2 期冲击反应强度逐渐增大，在第 3 期这种正向影响达到顶点 0.025895，之后开始逐期小幅递减。整个期间都具有明显的正向效应。这说明城镇化受自身冲击，会立即发生变化，但缺乏自我强化趋势，冲击影响力逐渐衰退。例如，城市户籍管制的突然放松，短期内会吸引部分农村人口迁入，但后续迁入的人口会随时间的拉长而减少。

其次，考察 LNUR 对 LNIG 的响应函数。城镇化对于 LNIG 标准差的扰动在初始阶段没有显现出来，即第 1 期为 0，之后的 2~4 期迅速下降，在第 4 期这种负向影响达到最小值 -0.007693，之后开始小幅递增，整个期间都具有较弱的负向效应。这说明城镇化受城乡收入差距的冲击后，不会立即发生变化，但会在滞后期变化，但该冲击影响力会逐渐衰退，总体来说，城乡收入差距的变化对城镇化的影响不大。

从整体趋势上看，城镇化对自身的脉冲响应函数是趋于收敛，其经济含义为城镇化对其自身具有正向推动作用，但其推动作用会随时间的推移而减弱；城镇化对城乡收入差距的冲击响应也是趋于收敛，其经济含义为城镇化对其自身具有正向推动作用，但其推动作用会随时间的推移而减弱，城乡收入差距对城镇化有着一定的负向作用，但影响不大。

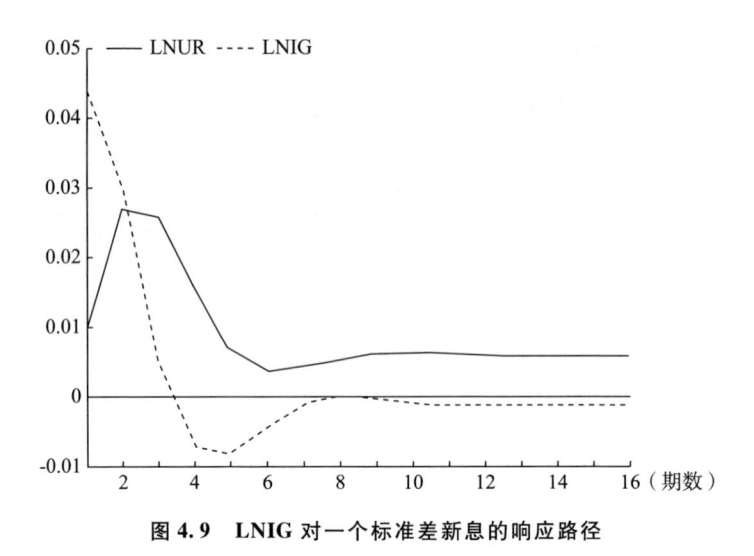

图 4.9　LNIG 对一个标准差新息的响应路径

图 4.9 反映了城乡收入差距对自身和城镇化变动冲击的动态反应效应。首先，LNIG 对自身的一个标准差冲击从第 1 期开始就有显著的正向效应，之后迅速衰减并在第 4 期变为负值，第 5 期达到最小值 -0.008512，之后效应回升并在第 9 期后开始趋于稳定。整体来看是一个先减后增之后基本保持水平的状态。

其次，城乡收入差距对城镇化的一个标准差冲击，从第 1 期就有正向的效应，并在第 2 期达到最大值 0.26939，之后迅速衰减并在第 6 期后开始趋于稳定，1～16 期的累计影响为 0.142447，影响较为显著。其经济含义为城镇化率的上升会先拉大城乡收入差距的增长率，随后逐渐降低，总的来说影响较大。

图 4.8 和图 4.9 揭示的是，浙江省城镇化率的上升加剧了城乡收入差距的扩大，是城乡收入差距扩大的原因，而城乡收入差距的扩大并不是城镇化水平提高的原因。

7. 方差分解

一个时间序列预测的误差方差是自身扰动项及系统其他扰动项共同作用的结果，冲击分解的目的就是要将系统的均方差（Mean Square Error）分解成各个变量冲击所做的贡献。因此，方差分解方法就是将 VAR 系统中每个内生变量的波动按其成因分解为与各方程新息相关联的几个组成部分，从而分析每一组成部分对各内生变量变动的相对贡献率。基于此，本书利用方差分解技术对 LNUR 和 LNIG 进行测算，以分析各个变量变化的贡献率，了解两者之间相互影响的重要程度。方差分解的结果如图4.10、图4.11 所示。

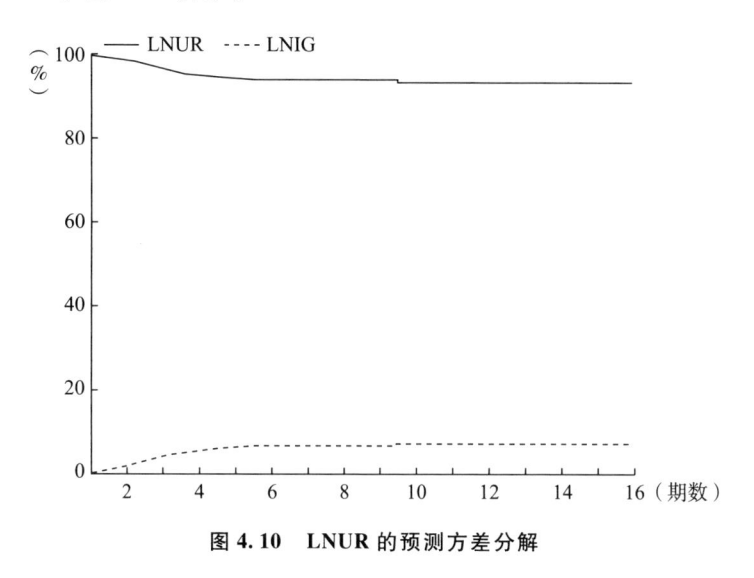

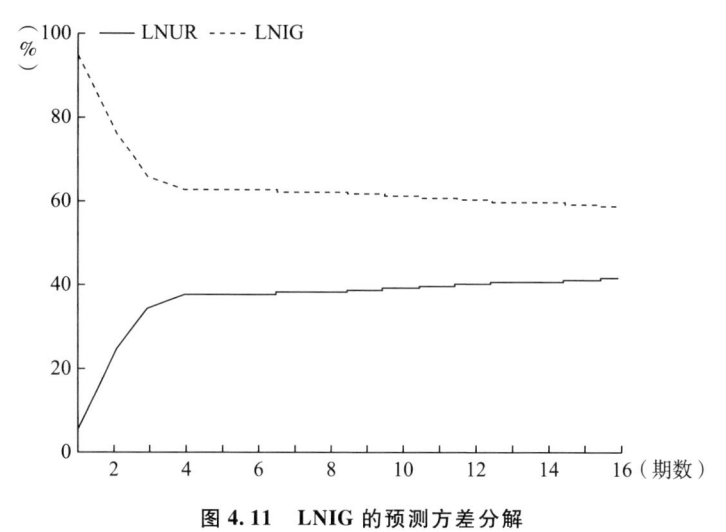

图 4.10 LNUR 的预测方差分解

图 4.11 LNIG 的预测方差分解

由图 4.10 可以看出，城镇化水平的波动在第 1 期只受其自身波动的影响，城乡收入差距对城镇化水平波动的冲击（对预测误差的贡献度）从第 2 期开始略微增强，由第 2 期的 1.40% 逐渐上升到第 16 期的 6.56%，并且开始趋于稳定。同期,城镇化水平波动受其自身冲击的影响略微减弱,预测方差的贡献度由第 2 期的 98.60% 下降为第 16 期的 93.43%,结合之前脉冲响应函数可知,城镇化对其自身的预测方差贡献度会随时间推移有所减弱,而城乡收入差距对城镇化水平的影响作用较为微弱。

由图 4.11 可见,城乡收入差距从第 1 期起就受到自身波动和城镇化水平冲击的影响,且受城镇化水平的影响要小于其自身波动的影响,随后城乡收入差距受自身波动的影响呈下降趋势,预测方差影响从期初的 95.09% 到达期终的 58.89%;同期,城乡收入差距受城镇化水平波动的影响逐期递增,从最初的预测方差 4.91% 上升为期末的 41.11%。结合脉冲响应函数分析,表明城镇化对其城乡收入差距的扩大有促进作用,但这种促进作用会逐期减弱。

(五) 结论

(1) 浙江省城乡收入差距一直低于全国平均水平,城镇化是影响浙江省城乡收入差距扩大的主要原因。城镇化对城乡收入差距的拉动效应在初期阶段呈加速上升态势,但从长期来看城镇化水平提高对城乡收入差距具有收敛作用。

(2) 城乡收入差距并不构成城镇化的原因,对城市化和没有明显的冲击效应。这也说明浙江省的城镇化进程的不断推进,并非由城乡收入差距明显而引起的农村劳动力的转移,究其原因主要是由于政府的政策因素和产业集聚效应带来了城镇化水平的不断提高。

(3) 由方差分解的结果可以看出,城镇化在城乡收入差距变动方差中占有较大比重。

(4) 脉冲分析结果说明,一是城镇化受自身冲击,会立即发生变化,但缺乏自我强化趋势,冲击影响力逐渐衰退,城镇化对城乡收入差距的冲击响应也是趋于收敛。例如,城市户籍管制的突然放松,短期内会吸引部分农村人口迁入,但后续迁入的人口会随时间的拉长而减少。二是城镇化受城乡收入差距的冲击后,不会立即发生变化,但会在滞后期变化,但该冲击影响力会逐渐衰退,总体来说,城乡收入差距的变化对城镇化的影响不大。

虽然城镇化的推进在短期内会造成城乡收入差距的扩大，但长期看有利于城乡差距的缩小，在工业化进入转型升级的新时期，城镇化是大势所趋，历史必然。但是如何加速推进城镇化，合理引导劳动力转移和流动，政府需要在重视"三农"问题、加大对农村的投入、产业结构升级与调整、引入新兴产业和扩大就业渠道等方面进行制度创新，制定更多切实可行的政策和措施。

第五章　城乡一体化与城乡收入差距
——以长三角地区（16个城市）为例

长三角地区经济已具规模且发展势头良好，它既承担着经济增长由外向到内涵转变的使命，又承担着实现我国经济均衡发展的重任。数据表明，2002~2012年，上海三次产业占长三角经济的比重分别从24.5%、31.9%、22.3%下降到21.4%、26.7%、18.9%。2016年最新人口数据显示，2015年上海外地常住人口第一次出现负增长，随着上海产业结构的调整，第二、第三产业向周边城市的转移及长三角城市群的崛起，上海与周边地区的区域收入差异在缩小，上海周边城市的崛起截留了越来越多的资本和人流，长三角区域一体化初现端倪。

一　长三角及其发展历史简介

长江三角洲地区包括1个直辖市和15个地级市，分别是上海市，江苏省的南京、苏州、无锡、常州、镇江、扬州、泰州、南通，浙江省的杭州、宁波、嘉兴、湖州、绍兴、台州、舟山。整个长江三角洲位于我国东海岸线中间地带，有着我国最大的沿海沿江港口群，是我国对外贸易的重要门户，因其区位优势以及国家政策倾斜等，长三角地区经济发展十分迅速，是中国经济最发达的地区之一，也是我国参与全球竞争具有很强综合实力的地区，近年来更被誉为世界第六大城市群，其发展一直受到中国乃至世界的瞩目。

改革开放以来，长三角的经济发展在全国一直名列前茅，地区人均生产总值不断上升且一直高于全国平均水平。然而在高平均数的背后，该地区城乡居民收入差距却在不断扩大。北京国际城市发展研究院2012年联合社会科学文献出版社发布了首部"社会管理蓝皮书"——《中国社会管理创新报告》，指出我国改革开放后虽然社会发展成果丰硕，但是具有很多不稳定因素，其中一个重要的方面就是贫富差距不断拉大。从城乡居民收入增长指数变动趋势来看，江、浙、沪三省市城镇居民人均可支配收入增速大于农村居民人均纯收入增速的年份占比较大。从城乡居民收入比来看，三省市的数据在2004年以前是上升的，根据国际经验，城乡居民收入比为2时基本安全，2.5表示有风险，长三角地区从1999年达到2，之后收入差距不断扩大，2010年后才开始下降（韩留富，2009）。研究表明，改革初期城乡收入差距的扩大有利于要素积累，促进经济的增长，但现阶段其持续扩大不利于社会稳定与和谐发展，对经济的增长也产生了阻滞作用，甚至会产生马太效应（王少平、欧阳志刚，2007）。

表5.1 长三角地区城乡收入差距与相关指标值（1978~2014年）

时间	全国城乡居民收入比	长三角地区城乡居民收入比	人均地区生产总值（元）	城市化率（%）	地区产业结构	地区财政支出（亿元）
1978年	2.57	1.71	1082.00	—	0.35	23.94
1979年	2.53	1.67	1160.67	—	0.34	25.62
1980年	2.50	1.86	1245.67	—	0.33	21.82
1981年	2.24	1.63	1305.67	—	0.36	19.99
1982年	1.98	1.40	1369.33	—	0.40	21.40
1983年	1.82	1.36	1437.67	—	0.41	25.54
1984年	1.84	1.27	1628.33	—	0.42	32.76
1985年	1.86	1.49	1977.00	—	0.42	44.67
1986年	2.13	1.57	2128.67	—	0.46	58.73
1987年	2.17	1.52	2426.67	—	0.47	57.70
1988年	2.17	1.51	2941.33	—	0.52	70.16
1989年	2.28	1.51	3141.00	—	0.53	80.11
1990年	2.20	1.53	3386.00	—	0.56	85.59
1991年	2.40	1.51	3857.33	—	0.62	100.89
1992年	2.58	1.67	4842.00	—	0.62	105.39

续表

时间	全国城乡居民收入比	长三角地区城乡居民收入比	人均地区生产总值（元）	城市化率（%）	地区产业结构	地区财政支出（亿元）
1993年	2.80	1.86	6617.00	—	0.62	139.39
1994年	2.86	1.96	8776.67	—	0.61	183.37
1995年	2.71	1.86	11082.33	—	0.64	233.89
1996年	2.51	1.79	12890.00	—	0.68	289.10
1997年	2.47	1.76	14464.00	—	0.71	352.37
1998年	2.51	1.80	15549.67	—	0.76	393.92
1999年	2.65	2.00	16660.00	—	0.80	454.08
2000年	2.79	2.07	18284.00	—	0.83	543.71
2001年	2.90	2.16	19932.00	—	0.86	678.36
2002年	3.11	2.19	22234.33	—	0.88	824.18
2003年	3.23	2.29	25467.33	—	0.83	1010.96
2004年	3.21	2.35	30304.33	—	0.80	1252.50
2005年	3.22	2.34	34579.00	65	0.82	1528.40
2006年	3.28	2.38	39226.33	66	0.83	1760.23
2007年	3.33	2.43	44184.67	66	0.88	2180.73
2008年	3.31	2.43	49450.33	67	0.92	2683.33
2009年	3.33	2.43	52420.00	67	1.02	3220.12
2010年	3.23	2.39	60208.33	71	1.00	3808.28
2011年	3.13	2.34	68033.00	71	1.03	4659.73
2012年	3.10	2.34	72364.67	72	1.11	5124.52
2013年	2.81	2.26	78384.00	73	1.22	5685.85
2014年	2.75	2.23	84082.02	73	1.29	6185.15

资料来源：历年《中国经济与社会发展统计数据库》。

说明：①全国城乡居民收入比＝全国城镇人口可支配收入/全国农村人口纯收入，长三角城乡居民收入比也依此计算；②产业结构＝第二产业增加值/第三产业增加值；③1978～2004年长三角地区城市率数据缺失。

二 城乡一体化相关理论

（一）乌托邦思想

19世纪，以傅立叶、欧文为代表的空想社会主义者首次提出了城市与农村协调发展的新模式，希望通过构建理想的社会组织结构来改变当时面临的诸多社会经济问题。英国早在1850年就成为世界上第一个城市人口数量超过农村地区人口的国家，其城市经济的繁荣发展与农村的贫穷落后形成了鲜明的对比，资本主义的工业化和城市化导致了城乡阶级矛盾的激化。在这种背景下，以圣西门、傅立叶和欧文为代表的空想社会主义者提出了城乡一体化理论的雏形，试图通过建立"乌托邦"社会，以避免城市与农村的脱离。19世纪初，法国的圣西门基于对新型城乡关系的渴望与理想，提出城乡人口平等的思想。傅立叶对未来理想社会的构建更为具体，他的和谐社会及其基层组织"法郎吉"，不仅是对未来社会的理想描述，而且是对城乡经济社会一体化思想最早、最系统的论述。他认为和谐社会中不存在工农差别和城乡对立，工业和农业不再成为划分城市和农村的标志，在一个"法郎吉"中既有农业也有工业，且以农业为基础。城市不是农村的主宰，农村也不是城市落后的郊区与附属，二者是平等的。整个社会是一个城乡、工农差别消失的统一的有机整体。

虽然空想社会主义最终以失败告终，但他们都提出了城乡一体化的思想，并提出了构建城乡一体化的路径，填补了这一领域的空白。

（二）城乡融合理论

马克思和恩格斯在批判地吸收了空想社会主义的观点后创立了科学社会主义学说。在《资本论》中提出了新的城乡发展理论。从城乡对立走向城乡融合，是马克思对城乡一体化理论的基本概况。马克思、恩格斯认为，在人类历史的发展过程中，城市与农村的关系经历了三个辩证发展的阶段：第一阶段，城市诞生于农村，农村是城市的载体，农村在整个人类社会系统中占据主导地位；第二阶段，从工业革命开始，人类社会的城市化进程加速，随着工业的发展，城市经济逐渐占据人类社会发展的主体地位，并随着城市化、工业化的发展，城市与农村在经济、社会、文化、人口、生活环境等方面的差异愈加明显，城乡分割、城乡对立等现象逐渐显露；第三阶段，随着城市化的发展，城市与农村彼此的依存度大大加强，城市与农村逐步走向融合。城市与农村通过协调合作最终实现城乡一体化发展（徐同文，2011：11）。

恩格斯指出，城市与农村的对立将逐渐消失，城市与农村将逐渐融合。实践也证明了城市与农村能够共同协调发展。第二次世界大战后，一些国家经历了城市人口的急剧膨胀，农村与小城镇的人口也不断增长，并开始超过都市人口的增长速度，人们称这种现象为"逆城市化"。这种发展趋势在一定程度上证实了城乡融合理论的思想。

（三）田园城市理论

城市学与规划学学者霍华德在《明日：一条通往真正改革的和平道路》（《明日的田园城市》修订版）中提到，社会的发展需要以城乡一体为目标，变城乡对立的社会结构形态为城乡一体的全新社会结构形态。城市与农村都有各自的优缺点，而城市－农村则避免了二者的缺点。霍华德认为，城市、农村以及城市－农村的三种形态形成了稳定的三角形结构，三者相互联系、密不可分，必须将其结合起来，协调发展，才能发挥推动社会进步的最大功效。这一集合城市与农村优点、推崇城乡一体化发展的理想形态，完美地诠释了城乡统筹、社会和谐、生态文明的科学发展理念。

该理论的核心内容为：①疏散过分拥挤的城市人口，防止基础设施的过分重建，完善农村功能与服务，缩小城乡差距，提高农村居民的生活水平；②建设新型城市，即环绕一个中心城市建设多个田园城市，当其人口增长达到一定规模时，便建设另一座田园城市，使之形成城市群组——社会城市；③进行土地制度改革，使土地开发者享有土地的增值。

（四）二元经济结构理论

刘易斯于1954年出版了《劳动力无限供给条件下的经济发展》一书，该书提出了二元经济结构理论，该理论的提出将城乡发展研究由静态分析转向了动态分析。二元经济结构理论以劳动边际生产率为基础，从该基础出发，主要研究发展中国家的经济增长问题和如何加速社会发展的问题。他认为，发展中国家普遍存在二元经济结构，二元经济结构社会的特点是农业剩余劳动力必然有一种向工业部门流动的趋势，城市现代工业部门吸收农业剩余劳动力的结果是扩大生产，吸取更多的生产剩余，积累更多的利润。在此循环中，城市工业部门将不断扩大生产，农业剩余劳动力不断向工业部门转移，农村人口不断进入城市从而实现工业化和城市化。刘易斯针对城乡二元经济结构的突出问题提出了区域整合的思想，他认为区域是一个整体，城市只是其中的一部分，该思想可总结为"城乡一体化"思想（张国富等，2011：10）。

我国城乡关系的发展经历了三个阶段：20世纪80年代前的城乡隔离发展阶段、20世纪80年代至90年代初的城乡自主发展阶段、20世纪90年代至今的城乡关系协调发展阶段。城乡一体化理论的发展同样经历了三个时期：一体化提出与探索阶段、城乡边缘区研究阶段、城乡一体化理论框架和理论体系建立与完善阶段。

城乡一体化涉及经济、社会、人口、空间及生活环境各个方面，不同的学科对城乡一体化理论有着不同的理解。社会学认为，城乡一体化是针对城市与农村，打破相互分割的壁垒，实现生产要素的合力流动及优化组合，使城乡经济与社会生活紧密结合、协调发展，逐渐缩小甚至消灭城乡差距，使城市与农村融为一体；经济学界以经济发展规律作为基础，从合理布局生产力的角度出发，认为城乡一体化的内涵是当代经济中工业与农业的紧密结合，统筹城乡经济，加强城乡经济合作与经济交流，使得城乡生产力等资源布局合理，城乡经济取得最大效益；规划领域学者以空间为基础，认为城乡一体化的内涵是指城乡物质与精神资源要素突破空间障碍，系统协调安排，从而使城乡资源要素合理布局。

总结国内外城乡一体化的相关理论，本文认为，城乡一体化并不是简单城乡一致无差别地发展，它是一个动态发展的过程，在一体化过程中涉及经济社会发展、人文地理以及生态环境保护等方方面面的内容。

三　长三角地区城乡一体化水平测度

结合长三角地区2006年至2015年十年城乡统计资料的可得性、指标的代表性，本书从经济、社会、人口、空间及生活环境等五个方面来考察长三角地区城乡一体化水平。评价方法选择客观定量分析法中的主成分分析法。

（一）长三角地区五大指标体系一体化水平评价

1. 五大指标体系一体化水平测度

长三角地区城乡一体化水平指标体系共有五个，即城乡经济一体化、城乡社会服务一体化、城乡空间一体化、城乡人口一体化和城乡生活环境一体化。在对长三角地区各指标体系一体化水平测度时依然采用客观赋权法，即主成分分析法来确定各子系统内各指标的权重，通过主成分分析法测算出各指标的公因子方差，并基于公因子方差计算各个指标在城乡一体化系统中所占的权重，各指标的公因子方差如表5.2所示。

表5.2 五大子系统内部各指标公因子方差

二级指标	三级指标	初始值	提取值	权重
城乡经济一体化 B1	C1	1.000	0.956	0.170
	C2	1.000	0.943	0.167
	C3	1.000	0.915	0.162
	C4	1.000	0.974	0.173
	C5	1.000	0.978	0.174
	C6	1.000	0.866	0.154
城乡社会服务一体化 B2	C7	1.000	0.541	0.271
	C8	1.000	0.626	0.314
	C9	1.000	0.827	0.415
城乡空间一体化 B3	C10	1.000	0.926	0.326
	C11	1.000	0.952	0.335
	C12	1.000	0.962	0.339
城乡人口一体化 B4	C13	1.000	0.982	0.363
	C14	1.000	0.839	0.310
	C15	1.000	0.886	0.327
城乡生活环境一体化 B5	C16	1.000	0.638	0.258
	C17	1.000	0.929	0.376
	C18	1.000	0.903	0.366

根据表5.2中子系统各指标的公因子方差，可以依据上文实证分析中运用的公式对长三角地区各个子系统的城乡一体化水平进行测度，表5.3为各子系统2006~2015年的城乡一体化水平。

表5.3 长三角地区五大子系统城乡一体化水平

年份	城乡经济一体化	城乡社会服务一体化	城乡空间一体化	城乡人口一体化	城乡生活环境一体化
2006	0.38185	0.58695	0.51613	0.65747	0.66567
2007	0.37170	0.59234	0.55201	0.66252	0.67876
2008	0.35753	0.59693	0.54100	0.66886	0.69609
2009	0.35072	0.60875	0.55856	0.67357	0.70848
2010	0.34973	0.61404	0.58630	0.68907	0.72312
2011	0.36268	0.60681	0.63118	0.69888	0.72855
2012	0.36291	0.62727	0.65573	0.70383	0.73277
2013	0.37172	0.63218	0.67046	0.70822	0.74641
2014	0.37554	0.65510	0.70484	0.71538	0.75083
2015	0.38148	0.67722	0.72055	0.71950	0.75671

表5.3为长三角地区五大子系统城乡一体化水平，通过该指标可以看出各个子系统的城乡一体化程度是不同的，其中城乡生活环境一体化水平最高且变动较大，城乡人口一体化和城乡社会服务一体化稳步增长；城乡经济一体化水平最低，2006~2010年经济一体化指标值有所下降，随后回升，至2015年达到0.38148，但仍然没有2006年数值高。各子系统城乡一体化水平的差别暴露了长三角地区城乡发展的优势与劣势。

2. 五大指标体系一体化水平比较

根据主成分分析法测算出的长三角地区城乡一体化整体水平及长三角地区内部五大子系统的一体化水平数据，将此数据用Excel绘制出折线图，可以更加直观地展现出长三角地区五个子系统一体化水平。

根据图5.1可知，首先，长三角地区城乡一体化水平与五大指标体系一体化水平相比排名靠后。可以得出影响长三角地区城乡一体化发展的五个子系统中既有正的、起促进作用的指标，又有负的、起阻碍作用的指标。其中城乡生活环境一体化程度最高，对于长三角地区城乡一体化促进作用最大；城乡空间一体化的发展速度最快，是近年来提升城乡一体化水平的主要因素；城乡经济一体化发展缓慢且对长三角地区城乡一体化的发展进程具有延缓作用。

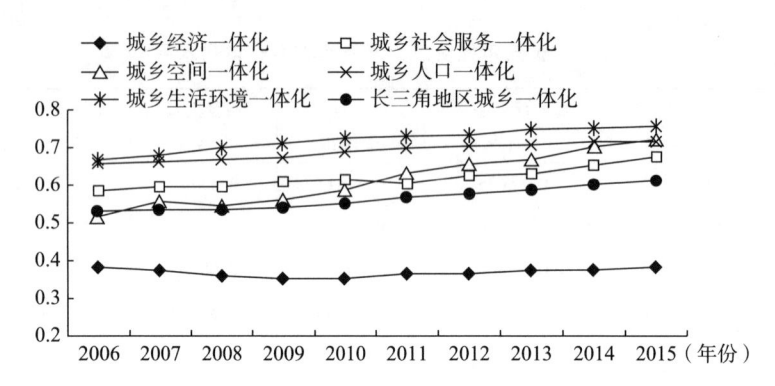

图 5.1　长三角地区城乡一体化与五大子系统一体化水平比较

其次，城乡空间一体化与城乡社会服务一体化趋势线于 2010 年有重合，2010 年以后城乡空间一体化水平超过城乡社会服务一体化水平，并于 2015 年稍高于城乡人口一体化的较高水平。2010 年 7 月 1 日，沪宁高铁正式通车运营，这标志着长三角地区高铁网络建设的开端。经过近五年的发展，长三角地区高铁网络已经日趋完善，这对促进沿线地区经济社会的发展，加快长三角地区城市化和区域一体化起到了巨大的促进作用。

最后，长三角地区近十年来经济呈现平稳发展的态势，经济总量不断扩大，但增速普遍回落。区域内随着产业结构的不断调整，第一产业增加值不断降低，2015 年第三产业占比首次超过 50%，但城乡居民收入差距仍然存在，城乡居民收入比至 2015 年缩小至 1.95。随着经济的不断发展，城乡居民收入差距也将不断缩小。但是，经济增长速度的放缓是阻碍城乡一体化快速发展的主要因素之一。

因此，提升长三角地区城乡一体化的关键在于提升长三角地区经济一体化水平。

（二）长三角地区城乡一体化评价

1. 城乡一体化水平测度

通过主成分分析法得到了长三角地区各个区域内部的城乡一体化水

平，运用客观赋权法，即用各指标的公因子方差来计算指标的权重。确定长三角地区各区域的权重，即通过主成分分析法得到上海、江苏、浙江两省一市的公因子方差，基于此来计算各区域的指标权重。

根据表5.4各地区的权重，利用主成分分析法对长三角地区城乡一体化水平进行测算，最后得出长三角地区2006~2015年的城乡一体化总体水平（见表5.5）。

表5.4 长三角地区各地区权重

指标	初始值	提取值	权重
上海市	1.000	0.878	0.316
江苏省	1.000	0.949	0.341
浙江省	1.000	0.952	0.343

表5.5 2006~2015年长三角地区城乡一体化水平

	2006年	2007年	2008年	2009年	2010年	2011年	2012年	2013年	2014年	2015年
长三角地区城乡一体化水平	0.5281	0.5355	0.5335	0.5394	0.5503	0.5663	0.5762	0.5859	0.5995	0.6106

本书测算的城乡一体化水平的数值在0~1，即数值越接近于0，城乡差距越大；数值越接近于1，城乡一体化水平越高。

由表5.5可知，长三角地区城乡一体化水平从2006年的0.5281上升至2015年的0.6106，十年间增长了15.62%，城乡一体化水平已经处于较高水平。此外，随着经济的增长，人民生活的改善以及各级人民政府对民生的重视，长三角地区的城乡一体化水平仍将缓慢增长。虽然十年间城乡一体化整体呈上升趋势，但是增长速度较为缓慢。

2. 长三角与各地区一体化水平比较

类似测度上海、江苏、浙江各地区城乡一体化水平，将数据导入Excel中测绘出如图5.2所示的更为直观的线性对比。

由图5.2可以得出，上海城乡一体化水平最高，江苏省城乡一体化水平最低，且明显落后于长三角地区的总体水平，浙江省城乡一体化水平

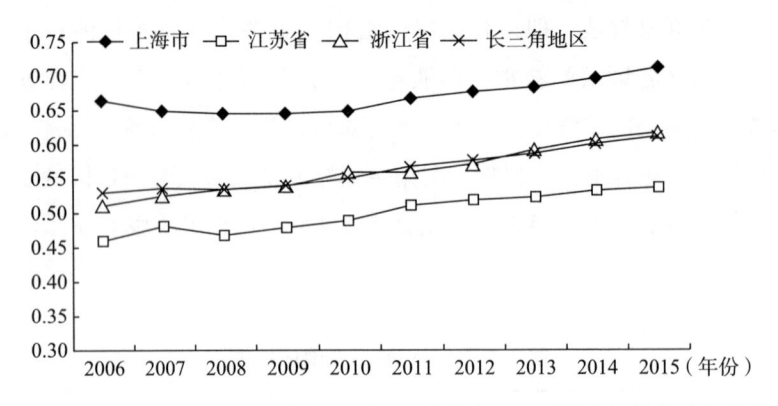

图 5.2　2006~2015 年长三角地区城乡一体化与各区域城乡一体化水平比较

自 2008 年以来增长速度开始加快，城乡一体化水平与长三角地区整体水平发展速度相当。因此，拉动长三角地区城乡一体化水平的主要因素在于上海市及浙江省的快速发展，而江苏省近十年间城乡一体化水平一直排名靠后，将长三角地区城乡一体化整体水平拉低。

上海地区经济发展水平位于长三角地区首位，城镇化水平近十年来平均值接近 0.68，农村基本消失，城乡一体化水平受益于高城镇化水平且高于其他地区。根据图 5.2，2010 年是上海地区城乡一体化进程的转折点。2010 年上海成功举办了世博会，世博会的成功举办不仅带动了经济的增长，促进了各地区人员的流动，同时后世博效应也在城乡一体化中得到了体现。

浙江地区作为沿海地区经济大省，其东西部经济发展水平差异较大且城镇化建设缓慢造成了省内城乡差距大的现象。据图 5.2，2008 年浙江省一体化水平首次超过长三角地区。分析其原因，2008 年浙江省人民政府办公厅颁布了《2008 年浙江省深化改革实施意见的通知》，该通知的核心思想在于建立综合改革试点区，协调推进经济、社会、农村和政府四方面改革。政府的这一政策极大地促进了浙江省农村地区的改革发展，缩小了城乡差距，提升了城乡一体化水平。

纵观江苏省历年一体化水平，其不但处于低位，而且增长速度相对缓慢。江苏省南北经济差异巨大，同时政策支持不到位，导致一体化水平较低。2014 年江苏省政府出台《江苏省新型城镇化与城乡发展一体化规划（2014~2020 年）》，凸显了政府对一体化的重视程度，未来江苏省城乡一体化水平将会有跨越式的发展。

四 城乡收入差距影响的实证分析
——基于长三角地区（16 个城市）的调查

以长江三角洲地区 16 个城市为研究对象，选取其 2003~2012 年的城镇居民人均可支配收入和农村居民人均纯收入的面板数据，使用城乡居民收入比为指标对该地区城乡收入差距进行测度，观察其是否具有"俱乐部"收敛现象，为其他地区差异平抑寻求有效收敛路径和政策措施。

（一）指标和模型选择

本章中，城乡收入差距指标 = 城市居民人均可支配收入/农村居民人均纯收入，简称"城乡居民收入比"。本书以此为基础对城乡居民收入差距进行测度，作为度量城乡收入一体化水平的依据，根据其变化情况就能反映城乡居民收入差距的动态进程。

本书取城乡居民收入比的自然对数，因此自变量的系数不会随因变量测量单位的变化而变化，并采用城乡居民收入比的一阶差分形式，即 $\Delta Q_t^i = \ln(P_{1t}^i/P_{2t}^i) - \ln(P_{1(t-1)}^i/P_{2(t-1)}^i)$，其中 i 为特定城市，t 为给定年份，P_1 为城市居民人均可支配收入，P_2 为农村居民人均纯收入。ΔQ_t^i 与 Q_t^i 数据特征相似，同收敛、同发散。而且本书的原始数据是城市居民人均可支配收入和农村居民人均纯收入的环比指数，差分形式使我们可以利用环比指数构造反映城乡居民收入差距进程的指标。由公式（1）可知，可以通过直接转换将城乡居民收入比的环比指数 $P_{1t}^i/P_{1(t-1)}^i$ 和 $P_{2t}^i/P_{2(t-1)}^i$ 表示成 ΔQ_t^i。

$$\Delta Q_t^i = \ln(P_{1t}^i/P_{2t}^i) - \ln(P_{1(t-1)}^i/P_{2(t-1)}^i) = \ln(P_{1t}^i/P_{1(t-1)}^i) - \ln(P_{2t}^i/P_{2(t-1)}^i) \quad (1)$$

从式（1）中我们可以看到，城市居民人均可支配收入和农村居民人均纯收入位置的调换会引起 ΔQ_t^i 符号的变化，数值不变，即 $\Delta Q_t^i = -\Delta Q_t^i$，其

表示的是相同的城乡收入差距，因此我们对城乡居民收入比取绝对值 $|\Delta Q_t^i|$ 来度量方差。

不同的城市可能因其特别的环境会对方差产生特定的影响，为了消除这种与某一特定城市相联系的固定效应带来的系统误差，我们采用去均值的方法。即对给定年份的 $|\Delta Q_t^i|$，求三个省市的均值 $|\overline{\Delta Q_t}|$，再分别用各省市的 $|\Delta Q_t^i|$ 减去均值，得到城乡居民收入比残差 q_t^i，记其方差 Var(q_t^i)，这只与城乡收入差距因素和一些随机因素相关。

（二）数据收集与处理

通过长三角16个城市的统计年鉴，我们得到了16个城市2003~2012年十年间的城市居民人均可支配收入和农村居民人均纯收入，共 $16 \times 10 \times 2 = 320$ 个数据。具备了时间、地点、城乡收入三个维度，可以构造三维面板数据。选取2003年为起始点，一是因为统计年鉴中之前年份有些城市的城市居民人均可支配收入是以城市居民人均生活费收入或城市居民人均实际收入来代替的，为了保证数据的一致性，特选取2003~2012年的数据；二是因为2001年中国加入WTO，对外开放程度进一步加强，长三角16个城市属于大型沿海、沿江港口群，是我国对外贸易的重要门户，所以也是处于产业集群和转型的关键期。

根据我们的样本，16个城市十年的数据可以得出144（16×9）个差分形式的城乡居民收入比指标 ΔQ_t^i，求其绝对值 $|\Delta Q_t^i|$。然后求三个省市城乡居民收入比差分形式的平均值 $|\overline{\Delta Q_t}|$，并分别用各省市内部地级市的 $|\Delta Q_t^i|$ 减去均值，得到城乡居民收入比残差 q_t^i。例如，$|\overline{\Delta Q_t}| = \frac{1}{16}\Sigma|\Delta Q_t^i|$，$q_t^i = |\Delta Q_t^i| - |\overline{\Delta Q_t}|$，同样是144个数据。最后分别求出三个省市的城乡居民收入比的方差 Var(q_t^i)，得到27（3×9）个方差时序数据。

城乡居民收入比的方差越大，说明三个省市内部的城乡收入差距越大，反之则城乡收入差距越小。同时，还可以将三个省市与长三角地区进行对比，看其趋势是否一致。

(三) 实证结果分析

经过数据处理，得到了三个省市十年的27个方差，构成了三组时间序列，如表5.6所示，表5.7则给出了长三角16个城市的城乡居民收入比。

表5.6　江苏、上海、浙江地区城乡居民收入比方差

年份	江苏	上海	浙江
2004	0.000282000	0.000524477	0.000543682
2005	0.001454717	0.000127796	0.000295218
2006	0.000134311	0.000265504	0.000140597
2007	0.000769124	0.000006575	0.000276351
2008	0.000381662	0.000231512	0.000220187
2009	0.003403352	0.000322753	0.000155926
2010	0.002362910	0.000245820	0.000207824
2011	0.000387854	0.000694506	0.000726177
2012	0.000330131	0.000052793	0.000024181
均值	0.001056229	0.000274637	0.000287794

表5.7　长三角地区（16个城市）城乡居民收入比

年份	南京	苏州	无锡	常州	镇江	扬州	泰州	南通
2003	2.07	1.83	1.84	2.04	2.00	2.09	2.09	2.18
2004	2.10	1.93	1.91	2.06	2.05	2.11	2.12	2.22
2005	2.39	1.94	2.00	2.08	2.09	2.18	2.18	2.25
2006	2.49	2.00	2.05	2.08	2.13	2.23	2.23	2.30
2007	2.75	2.03	2.08	2.11	2.19	2.29	2.31	2.21
2008	2.58	2.03	2.09	2.12	2.19	2.34	2.34	2.25
2009	2.59	2.03	2.02	2.12	2.17	1.95	2.21	2.24
2010	2.54	1.99	1.98	2.08	2.12	2.30	2.29	2.20
2011	2.46	1.93	1.92	1.90	2.04	2.21	2.20	2.14
2012	2.46	1.93	1.93	2.01	2.03	2.21	2.20	2.14
年份	上海	杭州	宁波	嘉兴	湖州	绍兴	台州	舟山
2003	2.23	2.06	2.29	2.03	2.28	2.14	2.54	2.44
2004	2.36	2.10	2.26	2.07	2.14	2.24	2.68	2.28
2005	2.26	2.17	2.23	1.96	2.14	2.27	2.60	2.22

续表

年份	上海	杭州	宁波	嘉兴	湖州	绍兴	台州	舟山
2006	2.26	2.23	2.22	1.93	2.13	2.26	2.58	2.16
2007	2.33	2.27	2.22	1.90	2.10	2.26	2.51	2.07
2008	2.33	2.25	2.21	1.84	2.03	2.25	2.48	1.99
2009	2.31	2.27	2.17	1.80	1.98	2.23	2.44	1.92
2010	2.28	2.28	2.12	1.73	1.92	2.21	2.41	1.86
2011	2.26	2.23	2.06	1.89	1.92	2.10	2.33	1.87
2012	2.26	2.20	2.05	1.92	1.92	2.08	2.33	1.88

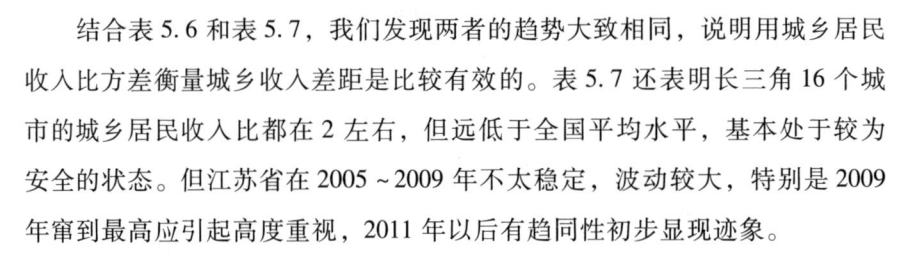

结合表5.6和表5.7，我们发现两者的趋势大致相同，说明用城乡居民收入比方差衡量城乡收入差距是比较有效的。表5.7还表明长三角16个城市的城乡居民收入比都在2左右，但远低于全国平均水平，基本处于较为安全的状态。但江苏省在2005~2009年不太稳定，波动较大，特别是2009年窜到最高应引起高度重视，2011年以后有趋同性初步显现迹象。

通过上述长三角地区城乡居民收入比方差及其均值（见图5.3、图5.4），我们可以看出，江苏省在2005~2009年不太稳定，波动较大，在2005年、2007年、2009年有较大的波动，说明这一时期城乡收入不稳定，特别是2009年城乡收入内部差距达到最大。2009年后，城乡收入差距逐渐缩小，长三角的情形基本一致。总体趋势与三省市各自趋势基本吻合。2011年、2012年城乡收入差距趋同有所显现，特别是上海与浙江在所有年份中有高度一致的相关性、趋同性。

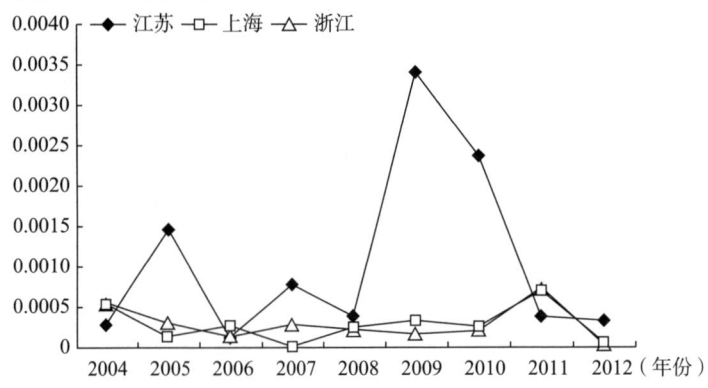

图5.3 江苏、上海、浙江地区城乡居民收入比方差走势

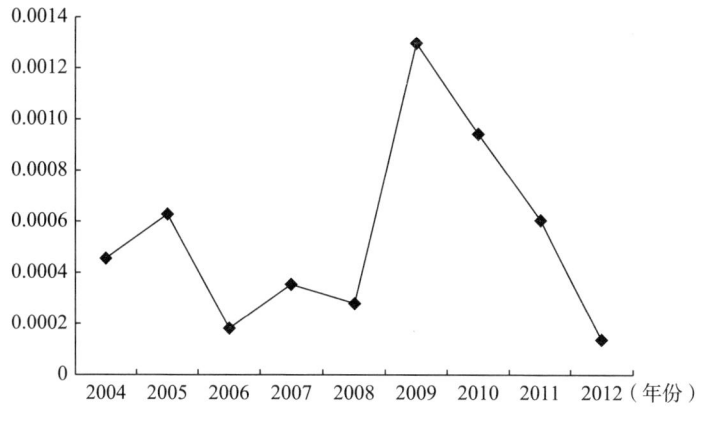

图 5.4　长三角地区（16 个城市）城乡居民收入比方差均值

（四）结论

改革开放以来，我国一直强调让一部分地区先富起来，先富带后富，最终实现共同富裕。但是如果经济的发展只能惠及一部分地区一部分人，那么发展的后果则是严重的收入分配不均，这样的发展是不完善的。在某些经济结构相近的地区如发达的长三角内部地区依然存在城乡收入差距，且明显低于全国平均值，2009 年出现的特异值，可能与 2008 年金融危机的爆发，政府向市场投资 4 万亿元的宽松货币政策有关，在此背景下，内部差距结果突变，从上文的城乡居民收入比和城乡居民收入比方差来看，长三角地区（16 个城市）内部城乡收入差距基本稳定，2009 年以后，一直处于稳定下降态势，特别是从 2011 年和 2012 年的数据来看，长三角城乡收入差距的"俱乐部"收敛迹象初步显现。

五　长三角地区城乡收入差距缩小及一体化进程的影响因素

（一）区位优势

长三角地区经济一体化主要得力于它优良的区位优势，长三角位于我国东海岸线中部，有着我国最大的沿海、沿江港口群，是我国对外贸易的重要门户，地理优势明显，交通通达性好，经济结构相似，经济基础优良，三省市经济发展比较均衡，内部差距较小，加上政府有意引导要素自由流动，整个长三角地区一体化逐渐加强。特别是在交通方面，高铁的开通使得从上海到南京、杭州、宁波等主要城市基本实现2小时即达的城市圈，加上上海市地铁11号线通昆山，江、浙、沪三省市逐步实现交通一卡通。整体上看，长三角地区交通、信息、资金、技术的快速融合，大大提升整个区域经济、交通、信息等快速一体化的程度。

（二）基于长三角产业结构调整的影响

长三角产业结构调整和升级有利于城乡收入差距的缩小。

从图5.5可以看出，长三角1996~2008年的"第三产业增加值/第二产业增加值"基本与全国平均水平持平，2008年以后突破全国平均线，迅速上升，这与2008年以来产业结构实现升级与转型，上海、杭州、南京、苏州、宁波等大城市提出大力发展、培植和引入高新技术、高效、节能、环保的新型产业如金融、互联网、旅游、会展、研发等有关，有计划、有时间地退出、转移、淘汰高污染、高能耗的落后产业如钢铁、石

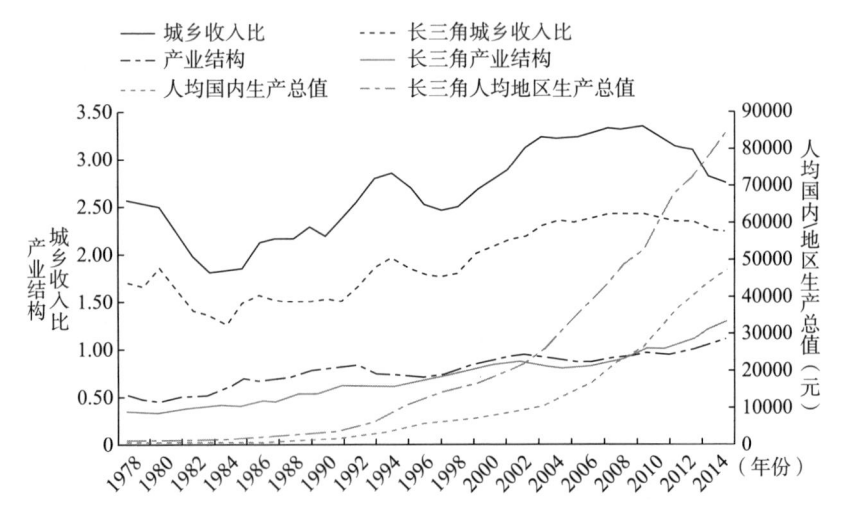

图5.5　1978~2014年全国及长三角的城乡收入比、
人均国内/地区生产总值与产业结构的比较

化等产业，第二产业逐渐向周边和中、西部内地梯度转移。2010年以后城乡收入差距也是明显收敛的。

长三角区域商品经济发展历史悠久，信息、交通发达，技术密集，产业集聚，上海作为长三角经济、技术、产业的桥头堡，随着产业结构的升级换代，大城市地租成本的增加，大量的产业向周边转移，临近上海、南京、杭州的县、乡镇是承接最早一批产业转移的地方。以上海为龙头的产业结构的调整和转移，城市就业扩大和工资的增加，为农村劳动力向城市的流动转移提供了直接的动力和条件。城乡收入差异归结为工业和农业两大产业部门的差异，农业结构不合理会进一步扩大城乡收入差距。而长三角农业结构相对合理，服务及加工业比较发达，农产品的附加值较高，农业生产效率和收益也相对较高，加上大量劳动力从低收入的第一产业向高收入的第二、第三产业就业转移，也有利于长三角地区农民收入的提高及城乡差距的缩小（宋伟轩等，2013）。

我国作为一个后起的发展中国家，正处在体制转轨和经济平稳较快发展的时期，结构性矛盾始终是一个基本的制约因素，对宏观经济存在持续且较大的制约作用。而长三角地区作为中国经济发展的重要组成部分，其产业结构调整的方向对经济发展有着重要指导作用。以长三角地区中的上海市为例，《上海市国民经济和社会发展第十三个五年规划纲要》中明确提出要结合贯彻"互联网＋"行动计划和"中国制造2025"，大力实施"五大战略"，力争实现"三大转变"。"五大战略"是指：①智能化战略，加大互联网、云计算、智能制造等新技术投入，运用信息化手段提升传统产业，让生产更加智能、便捷、柔性；②高端化战略，推动产业向价值链更高环节攀升，强化对核心技术和高端环节的控制能力，不断提升产品附加值；③融合化战略，创新商业模式，形成跨产业、跨领域的产业形态，构建制造业与服务业一体化的新型产业体系；④平台化战略，把握大数据机遇，发展有形与无形相结合、线上与线下相结合的新型商业模式，为众多企业和消费者提供大平台服务；⑤绿色化战略，积极采用清洁式生产，降低原材料和能源消耗，倡导形成低碳节约的消费模式和生活方式。"三大转变"：一是从依靠传统产业向依靠"四新经济"和高科技产业，促进产业融合发展转变；二是从依靠股市、房地产向依靠服务业特别是高端服务业转变;三是从依靠外资和出口拉动向扩大对外投资、以投资带动贸易和产业发展转变。

产业结构的升级导致就业结构也发生改变。由于产业部门之间的生产差异会带来不同的劳动生产率和需求结构,为劳动者在不同部门之间的流动创造了条件,优化就业结构的同时也对产业结构产生一定的促进作用,即就业结构的优化能够加速产业结构的发展。产业结构的调整促进了生产规模的不断壮大,从而使得就业需求不断提高,进而带动了就业劳动力人数的增多。不仅如此,产业结构的调整也意味着生产要素在各个产业部门之间的重新分配,其中,劳动力就是重要的生产要素之一。由此也意味着产业结构的调整与优化能够间接调整就业结构。

长三角产业结构率先优化与升级带来的就业、工资报酬的红利,为本地区农村劳动力的转移提供了更大的空间和选择,从而促使城乡收入差距的减小及城乡一体化的形成。

(三) 基于城市化、区域一体化的影响

长三角历来交通便利,产业优势集聚,历史文化积淀深厚,劳动力素质较高,梯度转移和扩散首先惠及长三角地区,并逐渐向内地深化,也自然带来第二、第三产业的发达及农业比重和农业人口的降低。据测算,2013年江苏省城市化率达到65.2%,浙江省达到65.8%,上海市为89.6%,长三角城市化率平均达到73%,远远超过全国53%的平均城市化率(刘文、房光婷,2010)。再加上良好的产业结构优势,宽松的人口自由流动制度,城市户籍制度的准入和高水平的城市化率,促进了城乡之间劳动力的自由流动,使大量的农村人口流动到城市,变为城市居民,这至少在统计上大大缩小了城乡收入差别。另外,农业和农村率先进行土地流转等改革,不少地区已经实现传统农业向现代农业的转型。大力发展以农业为主的加工、贸易、养殖、休闲旅游等第三产业以增加农民的收入,长三角地区农民享受了临近发达的大都市的溢出效应,如土地征收、搬迁带来的丰厚回报和收益,使得长三角地区的农村成为中国最富有竞争力的农村。如昆山多年位于全国百强县的榜首;苏州、无锡都

是城乡收入差距最小的地方，长三角地区城乡一体化、区域一体化基本已成定局。

从图5.6至图5.9中可看出，①长三角区域不论是经济总量，还是人均地区生产总值都远远高于全国平均水平和其他地区，随着产业结构的优化调整加速，三产占比在2008年超过全国平均水平，随着第二、第三产业比重的提升，周边产业集群，民营经济发达，吸纳劳动力就业能力强，企业创业、创新氛围浓厚，加上农业基础好，先天条件优越，农业

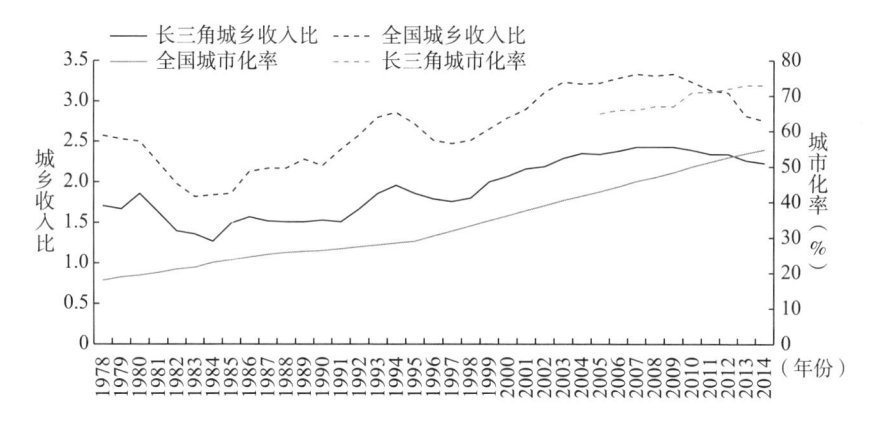

图5.6　1978~2014年全国及长三角的城乡收入比、人均国内/地区生产总值与城市化率的比较

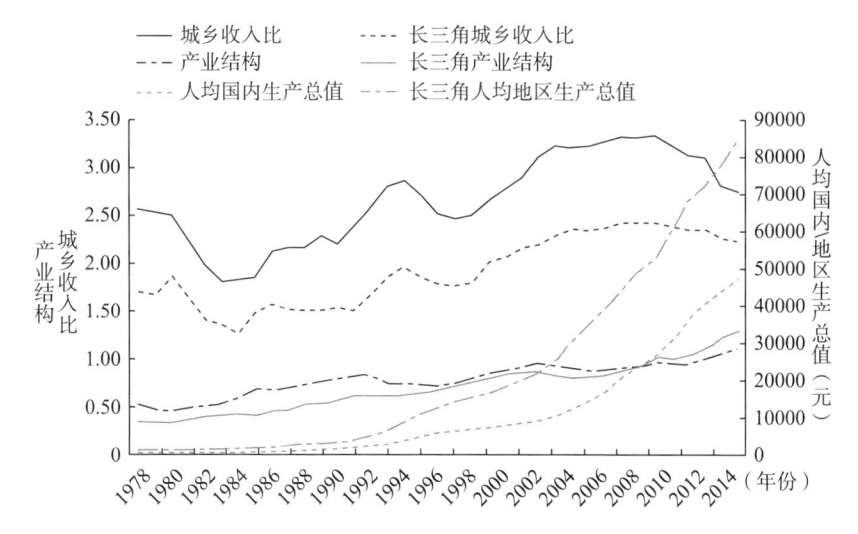

图5.7　1978~2014年全国及长三角的城乡收入比、人均国内/地区生产总值与产业结构的比较

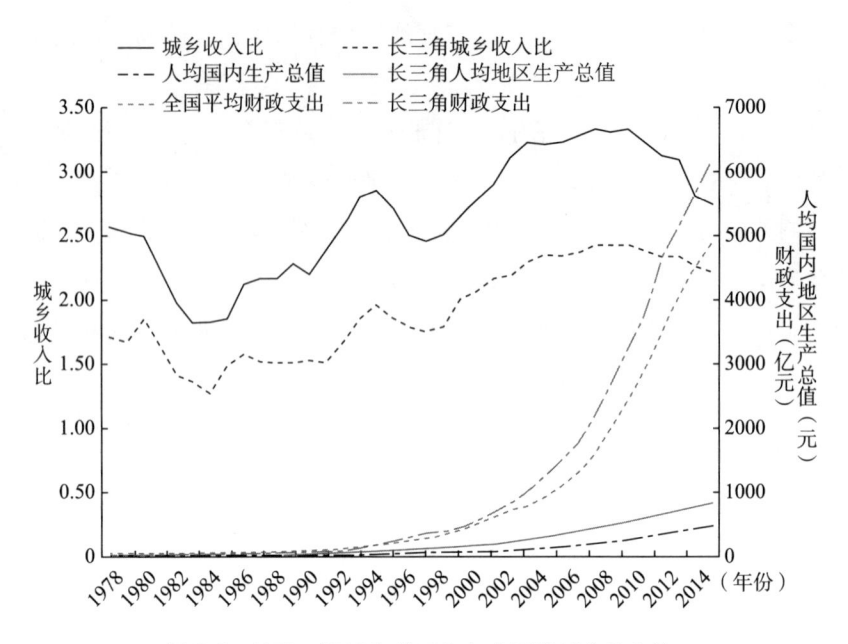

图 5.8　1978~2014 年长三角与全国的城乡收入比、
人均国内/地区生产总值与财政支出的比较

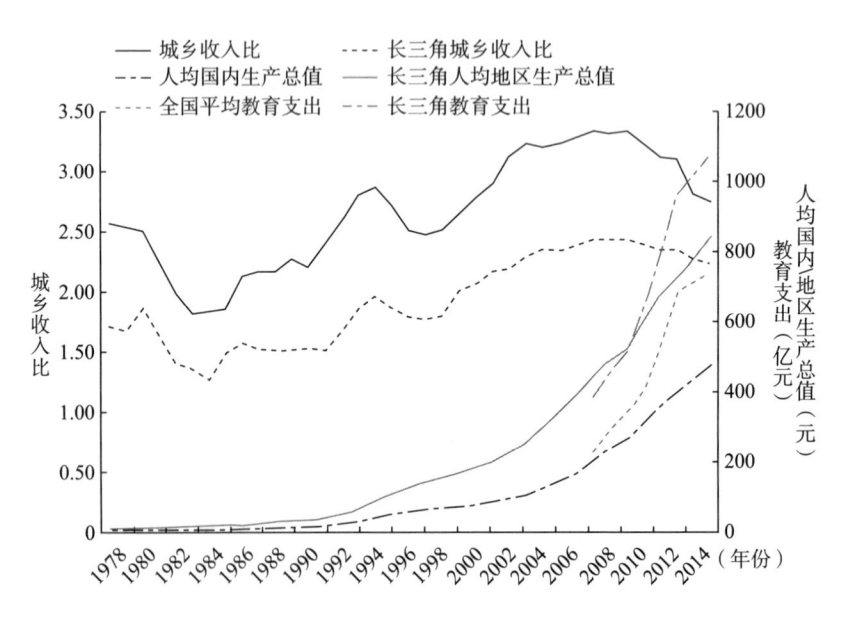

图 5.9　1978~2014 年长三角与全国的城乡收入比、
人均国内/地区生产总值与教育支出的比较

产出高于其他地区，附加值高，农民无论从事农业还是从事第二、第三产业，机会和收入都比其他区域高。而且长三角地区由于产业集聚，产业化程度高，城市扩张迅速，农民享受的拆迁补贴等财产性红利丰厚。②长三角教育支出也是远高于其他地区，长三角一带历来文人辈出，文化积淀深厚，无论是城市还是乡村，居民文化素质普遍高于其他地区，长期以来无论地方政府还是居民自己都愿意为教育投资，从而人力资源丰厚，为产业升级更新提供了很好的人才储备，降低了劳动力使用和培训的成本。③从财政支出来看，长三角的财政支出历年来一直与全国平均水平持平，2005年以后才略微超过，这说明对于发达地区来说，无论是市民还是农民，其收入的提高及城乡差距的减少并不依赖政府的财政转移支付，更多的可能是依赖农民自身竞争能力加强，财产性收入的提高。再加上高铁、高速公路、城市地铁这些密集便利的交通网络，发达的信息、技术、物流及资金交融，共同的经济、文化背景和历史渊源，城乡之间的差别和界限也越来越模糊，城乡融合、区域和城乡一体化已基本成型。

六　长三角城乡一体化及缩小城乡收入差距的路径选择及政策建议

建议长三角两省一市各方政府实现全方位、宽领域、多层次的合作，加强政府之间的有效沟通与交流。制定统一的便利交流的制度以及高效的合作机制，为实现区域一体化和城乡协调发展创造更好的条件，关于城乡收入差异平抑的路径及政策选择，总结如下。

1. 为劳动力流动与产业转移制定政策导向

由于产业转移改变了劳动力流动的空间选择，因此政府政策导向将对区域间的要素流动产生重要的影响。上海地区产业向周边区域的转移一方面可以增加长三角地区的就业能力；另一方面此致敬礼产业结构本身的演变，即长三角本地工业和服务业部门的扩张、农业不断被改造和升级，也会增加劳动力在本地不同部门的就业机会。

政府应开拓加快农村劳动力向高收入的本地工业和服务业转移的渠道和绿色通道。政府的优惠政策在转型初期成为区域之间经济发展的主导因素，但随着区域之间政策的均等化和要素流动的自由化，长三角城市之间的二元结构出现收敛迹象，地区之间的差距只是表现为产业分工格局的差异，而不再是传统与现代、落后与先进之间的差异。

工业化和城市化达到一定阶段以后，工业和城市反哺农业和农村突破乡镇范围，政府实施反哺的主要途径应该是扩大公共财政在农村的覆盖面和增加农村公共产品的供给，如医疗、教育、交通与通信的改善与覆盖、劳动力市场的培育；提高农民劳动技能和农业生产率，从而增加农民收入，缩小城乡差距。目前长三角的经济发展基本符合此特征。

2. 建立和完善长三角地区城乡一体化协调发展机制

上海及长三角地区有关政府部门应积极实现政策联动，以此实现上海与长三角地区经济发展的协调和共赢。从整合和转移产业，合理布局，优化结构入手，合理引导劳动力市场流动、挖掘其发展潜力。政府应该采取积极有效的政策措施，客观把握局势，以确保政策既促进经济增长，又缩小城乡区域差异，全面实现长三角城乡协调发展和区域一体化。

1992 年，长三角地区城市各政府发起并建立协作部门负责人联席会议制度，成立长江三角洲城市经济协调会，旨在推动和加强长江三角洲地区经济联合与协作，促进长江三角洲地区的可持续发展。至今，长三角地区各区域之间的联动机制主要包括"沪苏浙经济合作与发展座谈会"、"长江三角洲城市经济协调会"及长三角各城市政府职能部门之间的协调会，尚未成立统筹与协调长三角地区各区域城乡一体化发展工作的常驻职能部门，亦未建立长三角地区各区域之间的长效合作机制，建议《长江三角洲地区区域规划纲要》尽快出台，并成立专门的工作职能部门，推进长三角地区城乡一体化协调发展。

统筹城乡经济社会发展，必须通过以上几方面的改善以缩小区域之间的经济社会差距，使两省一市站在同一高度。从长三角地区全局利益出发，应进一步改革土地征用制度，完善土地使用权流转制度，以缩小城乡差距为宗旨。同时，在生产要素投入方面向农业、农村、农民倾斜，增加对农业基础设施建设和农村生活设施的投入，以改善农业生产条件和生活条件。形成对农业投入的长期增长机制，加大对农村金融服务的支持，强化政策性金融支农作用。合理有效地改革户籍制度，逐步取消农业户口和非农业户口这种一簿终身制和世代传递制。完善和提高阳光工程的职能，努力提高农村劳动力的整体素质和就业能力。

3. 充分利用长三角区域空间优势，优化布局产业功能区

通过对城乡区域收入差距与三次产业结构、城市化、政府行为的作用机理及演变规律的分析，得出：第二、第三产业的转移→三次产业结构变迁→城市化（劳动力流动）→差异缩小，是平抑城乡收入差距的有效路径。第二、第三产业向上海周边长三角及中、西部转移，长三角城市群的产业集聚，促使了城市的扩张和产业的升级和调整，农民向城市（城镇）的流动及非农产业的转移，成为最直接、最有效的平抑差异的路径。

重新布局产业功能区，打破城乡二元界限。长三角地区应抓住国家大力发展农村经济的契机，加快推进农村专业合作社建设，巩固提升农业基础产业，加快农业产业化，实现农产品供产销一体化模式，引导农民转移增收。此外，协调发展城乡产业，加快推进县区工业化进程。江苏省应根据地理位置和自然资源优势，大力发展农副产品深加工产业，以工带农，实现城乡经济一体发展。将城区主工业搬迁至郊区，"退城近郊"，促进农民合理就业。

长三角地区在现有的产业水平上对布局进行优化时，应着重增加第三产业就业比重。高素质的劳动力是提升社会生产力的直接动力，优化产业布局，增加第一产业科技水平，加大第一产业科技水平的投入；加快第三产业布局，增加第三产业就业岗位，吸引高素质劳动力流向长三角地区。此外，加强长三角地区省际合作，加速长三角地区人员流动，发挥比较优势。针对浙江省第三产业人员流失的现象，政府需要加大对第三产业的政策倾斜力度，鼓励第三产业创业，吸引外资对第三产业进行投资，吸引第三产业劳动力回流。同时，提升第一产业的科技含量，提高全员劳动生产率，加快建设城乡一体化。

产业功能区布局一体化是指实现均衡布局和疏解中心城区。对于均衡布局，长三角地区应从下属各县市的地理位置和资源条件入手，充分考虑各城区现有的发展水平、人口状态以及就业情况，做到各县区协调发展。新市镇作为新的产业聚集地区，承载着从中心城区疏散的人口和从农村进城的人口，在诸多方面既肩负任务又面临挑战。因此，在产业功能区的布局规划中，更应考虑新市镇能够承担的就业、公共服务以及新城建设能力。疏散中心城区要从完善城市空间布局使中心城区和郊区之间分布更加合理考虑。上海市陆家嘴过多的超高楼宇是产业功能过于集中的表现。陆家嘴产业功能越集中，给其他城乡地区带来的压力也就越大，导致其不能健康发展。通过在郊区或新城社区建设相似产品功能区，以降低原有的中心城区的压力，即降低商务成本、减轻建筑的密度、疏导交通的压力，以此促进城乡一体化的进程。

交通是城乡一体化的大动脉，是调整城乡产业布局的先行官。加快交通网络建设步伐，加大县域乡村道路建设力度，提升公共交通服务水平与服务能力，布局合理、方便快捷的城乡交通网络，形成城乡互联。鉴于上海市与浙江省交通运输网络已经较为发达，江苏地区交通运输网络相对落后的局面，需要进一步加强江苏省公共交通运输网络建设，加强长三角地区两省一市之间的合作与交流，共享各省市的交通、物流、信息网络，提升长三角地区的空间一体化水平。

4. 完善长三角地区城乡要素配置

在经济一体化方面，建议进一步加速经济发展，加大对农村地区的固定资产投入，提高农业劳动生产率，破除二元经济结构。近年来，长三角地区的投资额不断攀升，尤其是浙江省固定资产投资额在不断增加，然而固定资产投资约90%以上用于城镇建设，对农村固定资产投入甚微，例如2015年城乡固定资产投资比为0.06。经济的快速增长很大程度上依赖政府投资的拉动，因此加大对农村地区的固定资产投入是长三角地区固定资产投资急需调整的方向。农村基础设施是城乡基础设施一体化的重点，加大对农村地区基础设施的投资力度，要坚持城乡一体化规划、分类实施、同步监管的原则，加大对农村基础设施的建设力度，加速农村基础设施与城市的融合。

扩大城镇基础设施辐射与延伸力度。完善城区功能，重点布局长三角地区中心镇与中心村的基础设施建设。扩大城市框架体系范围，为产业与人口集聚提供更大的平台，为城市基础设施延伸到农村创造条件。

加大对农业领域的科技投入。着力推动农业现代化，提升农业生产经营的专业化与标准化，提高农业劳动生产率，破除二元经济结构，实现长三角地区城乡经济的一体化跨越式发展，从而有效缩小城乡收入差距。

5. 提升公共服务与社保能力

公共服务与社保一体化是城乡一体化的基本要求，也是长三角地区推进城乡一体化、城乡协调发展，缩小城乡差距建设中的重要工作。长三角地区的医疗水平及公共资源配置居全国前列，然而城乡地区的经济水平较中心城区欠发达，因此，在保证全国领先水平的基础上推进城郊地区公共服务和就业社保一体化有了相应的难度。公共服务和就业社保一体化的实施需要逐步进行，在逐步实现医保、养老、失业等社会保险并轨的基础上实现资源、设施和服务的城乡均等。江苏省城乡一体化建设较上海市和浙江省还是处于低一级阶段，加强社会保障体系建设需要先完善农村公共服务基础设施，保障医疗卫生建设健康发展。改善农村道路交通、饮水、防火建设欠缺的状况，完善农村社区的服务功能，加大农村法律支援，科学建设电网和电信光纤网络以增强电力输送能力和农民接受信息的能力。在医疗水平上，减小城乡之间的配置差距，改善农村医疗服务条件，增加农村医生资质的配备和药品的补给，将城乡医疗条件共享作为一体化的一项重要措施，使"大病去县医院，小病不看"的现象逐年减少。

此外，重视长三角地区乡村教育事业的发展，提高乡村人口的文化水平。在壮大农村教师队伍的同时保障教师队伍的质量，可以采取教师借调的方式，将城市教师借调至乡村地区，帮助农村地区教育建设。取消交叉区域内学生户口入学限制，实行就近入学。

对于农民创业，政府基于相关的政策支持，开展相应的技能培训，完善城乡劳动就业服务体系，提高农民在城市的就业能力和工作能力。推进农村社会保障和社会救助工作，开展新型的农村养老保险模式，逐步缩小农村与城市的社会保障差距。为促进农村人口向中心城市流动，江苏省应逐步取消农业户口和非农业户口的限制，加快农村户籍改革。

第六章 农民财产性收入的土地流转政策对农民增收的影响

华中师范大学中国农村研究院发布的《中国农民经济状况报告》显示，2011年农村居民工资性收入与2009年调查数据相比，增长了15.09%，对农民人均收入增长的贡献率达到70.98%，而家庭经营性收入、财产性收入及转移性收入对人均收入增长的贡献不足三成。

相对于农村居民，房产、股票、黄金、工资是城市家庭主要财富的体现，特别是房价暴涨后的一、二线城市，房产价值更是区分贫穷与富裕的重要砝码，而农村居民的收入主要体现在土地上的收成、打工收入（人力资源收益）及山林、土地、鱼塘、牲畜牧业等资源性收入，而这些资源性收入在绝大部分贫瘠、偏远的广大农村价值不大，产出极其有限，与城市居民的财产性收入实在是无法比拟，劳动力与土地是对农民收入产生最大影响的资源，农民如何对拥有的土地资源进行合理有效配置和利用，将对其家庭收入产生实质性影响。但是碍于之前的土地不能交易的管制制度，农民在私下土地流转的过程中交易成本过高，许多农民只是简单地将土地荒废或者交给亲戚种植，其中隐含了一定的风险，也没有充分发挥土地的效用，土地为农民家庭财富创收增值的空间还有待挖掘和开发。

城乡居民收入差距中最大的差距实质上就是财产性收入，提高农民家庭财产性收入占比是提高农民收入、缩小城乡收入差距的关键举措和重要路径。而2014年11月，中共中央办公厅、国务院办公厅发布的《关于引导农村土地经营权有序流转发展农业适度规模经营的意见》，表明要大力发展土地流转和适度规模经营，五年内完成承包经营权确权。为集约化、规模化、专业化利用土地、发展农业，提高劳动生产率，大幅度提高农民收入，打开了崭新的局面。

一　农村土地流转概述

（一）农村土地流转的概念及主要方式

农村土地流转是指土地使用权流转，其含义是拥有土地承包经营权的农户将土地经营权（使用权）转让给其他农户或经济组织，即保留承包权，转让使用权。中国关于农村土地使用权流动的政策于2014年11月刚出台并在计划实践中，如上海农村集体土地使用权流转机制的思路框架是：将按照"土地确权、两权（所有权和使用权）分离、价值显化、市场运作、利益共享"方针，依据土地有偿使用原则，对上海郊区农业用地和建设用地使用权实行有偿、有期限流转制度。农业用地在土地承包期限内，可以通过转包、转让、入股、合作、租赁、互换等方式出让承包权，鼓励农民将承包的土地向专业大户、合作农场和农业园区流转，发展农业规模经营。

集体建设用地可通过土地使用权的合作、入股、联营、转换等方式进行流转，鼓励集体建设用地向城镇和工业园区集中。其要点是：在不改变家庭承包经营基本制度的基础上，把股份制引入土地制度建设，建立以土地为主要内容的农村股份合作制，把农民承包的土地从实物形态变为价值形态，让一部分农民获得股权后安心从事第二、第三产业；另一部分农民可以扩大土地经营规模，实现市郊农业由传统向现代的转型。

目前，我国土地流转政策优先在全国33个县市实践，包括北京市大兴区、天津市蓟县、河北省定州市、山西省泽州县、内蒙古自治区和林格尔县、辽宁省海城市、吉林省长春市九台区、黑龙江省安达市、上海市松江区、江苏省常州市武进区、浙江省义乌市、浙江省德清县、安徽省金寨县、福建省晋江市、江西省余江县、山东省禹城市、河北省长垣县、湖北省宜城市、湖南省浏阳市、广东省佛山市南海区、广西壮族自治区北流市、海南省文昌市、重庆市大足区、四川省郫县、四川省泸县、贵州省湄潭县、云南省大理市、西藏自治区曲水县、陕西省西安市高陵区、甘肃省陇西县、青海省湟源县、宁夏回族自治区平罗县、新疆维吾尔自治区伊宁市。

  从流转的方式来看，农村承包经营权流转方式主要有转让、股份合作、租赁承包、代耕经营、单季转包、委托转包、反租倒包、土地互换、企业吸纳等，各地采取的方式不尽相同，有些方式得到了法律的认可，而有些方式则不然。国家于2014年底才正式出台有关土地流转政策，在法律层面上允许流转。与此同时，由于法律规定不明确、不尽完善，在实践中还存在较大争议，目前一切尚在摸索中。

  我们以浙江省的实践为例，浙江省的土地流转方式主要分为以下几类。

  （1）土地有偿转包或转让转包是指承包人把自己承包项目的部分或全部，以一定的条件发包给第三者，由第二份合同的承包人向第一份合同的承包人履行，再由第一份合同的承包人向原发包人履行。合同的行为转让是指承包人自找对象，由第三者代替自己向发包人履行合同的行为。

  （2）土地反租倒包，是指村集体征得农户同意后，集中土地，付租费给农户，再发包给专业户、工商业主的一种流转方式。

  （3）土地投资入股，是指由集体经济组织、有经济实力的大户或投资于实业的工商企业发起，农户以土地使用权作价入股，按照自愿原则组成利益共享、分险共担的股份合作制农业企业；企业统一经营农民的土地，农民既可按股分红，又可在企业工作、按劳取酬的一种流转方式。

  （4）土地信托服务，指土地信托服务组织接受土地承包者的委托，按照市场化运作规程，将其拥有的土地使用权在一定期限内依法、有偿转让给其他单位或个人，原承包者每年领取股金的流转方式，农民俗称"土地银行"。

  （5）嘉兴市的土地流转新模式"两分两换"。"两分两换"与征地搬迁有一定的区别，征地搬迁是因城市建设、基础设施建设和第二、第三产业发展的需要依法征用农用地，同时拆迁征地范围内的农民住房，给予相应的经济补偿或安置。而"两分两换"则是引导农民向城镇搬迁集聚、促进土地流转、发展规模经营，不改变农用地性质、用途，为城市化、工业化、农业现代化腾出发展空间，加快新农村建设。

（二）土地流转的作用与意义

土地流转有助于农地专业化、规模化、集约化生产，提高土地的产出和效用。借鉴发达国家农地专业化生产经验，发达国家除了第二、三产业强，同样重视第一产业，第一产业同样有竞争力，虽然美国、欧洲国家、日本、韩国等农业的发展路径不同，特色也不同，但都是走的专业化的道路，即从传统分散的小农经营方式转向集约化、规模化的现代农业经营方式。如美国国土面积大而人口较少，劳动力相对稀缺，总体地势比较平坦，美国的大型家庭农场方式就是很好的实例。与美国相反的是日本的现代化农业模式，日本人多地少，土地相对稀缺，需要提高土地的生产率即进行精细化操作，发展如"有机农业""生态农业"等模式。而介于这两种模式之间的如欧洲的许多国家，也是提高土地生产率和提高劳动生产率同时进行。

我国现在实行的土地流转对农业专业化作用主要体现在以下方面：①土地流转能够为农业规模化提供所需的土地；②农业精细化生产以及产业链深化所需的劳动力得到补充；③土地流转为产业集聚创造了有利条件，从而有助于农业技术知识等的扩散；④土地流转尤其是大规模流转有较大的资金压力，有助于农业信贷的不断完善。

土地流转有助于农民收入提高，无疑，改革中提出的确权将在未来大大降低土地流转交易成本，提高交易效率，加快农民土地的市场化流转速度，提高其土地价值，成为农民增收减贫、家庭财富增值的重要来源和有力保障。土地流转政策的出台，对提高土地集约化、规模化、专业化的利用和生产具有很好的作用，也保障和维护农民权利，从而使农民获得高产出、高收益、高收入。这将具有划时代的意义，其对提高农民财产性收入、平抑城乡收入差距，作用显而易见，农村土地流转是促进农户收入增加的有效措施之一。

二 土地流转发展历程与背景

土地资源和劳动力资源的配置取决于农户家庭的整体理性决策，农户为了提高收入，通常具有将基本经济资源进行理性配置的倾向。从农民收入增长的两大基本渠道——家庭经营收入和工资性收入分析得出，农民根据自家的土地资源情况和劳动生产力状况进行配置，提高劳动力资源充分参与工资性劳动市场的程度将有利于增加农户家庭的收入，而土地资源参与流转市场程度的提高无疑也将有利于提高农民收入。

改革开放以来，中国农村土地长期具有较低的流动性，农村地区实行家庭联产承包责任制，此种土地经营制度促使农户开始作为基本的经济决策单位运行。随着市场经济的发展，农户则越来越多地参与到市场化进程中，部分农村地区的农户已经成为"市场化"的农户，农户家庭对其经济资源的配置也需要符合市场对资源配置的要求。然而，土地集体所有的基本产权制度使得土地产权能完全流转是非常困难的。与此同时，农户家庭出于提高整体收入的考虑，根据家庭劳动力的不同情况对土地流转产生不同要求。土地产权的完全流转虽然难以获得，但实际上部分因为外出就业而缺少劳动力的农户普遍采用了将土地委托给邻居或者亲属、朋友等经营的做法，这种方式已经算作土地经营权流转的实践之举。但是，这种流转不具有稳定性，并不能形成农民对土地投资经营的稳定正向激励。

2015年1月，中共中央办公厅和国务院办公厅联合印发《关于农村土地征收、集体经营性建设用地入市、宅基地制度改革试点工作的意见》，这标志着农村土地制度改革即将进入试点阶段。土地的所有制不会改变，这是根本，但建立在现行产权基础上的承包权、经营权等则可以进行交易。

2014年11月，中共中央同国务院发布的《关于引导农村土地经营权有序流转发展农业适度规模经营的意见》明确提出，在坚持农村土地集体所有制的前提下，实现所有权、承包权、经营权三权分置，建立的是土地承包权流转市场、经营权交易市场，保护流转、经营方的正当权益。不改变土地所有权性质，实行承包权交易、经营权抵押等，盘活现有的土地资产，建立现代化农业。

土地承包权转让在各个地方尤其是经济发达地区已经非常普遍，江南一些经济发达村镇每年转让承包地，每亩可获得800元到1500元不等的收益，允许承包权转让是对市场经济中某一自发现象的追认。

农民所获得的收益取决于土地溢价、交易活跃度、转让后的经营范围划定等。全国人大财经委副主任委员辜胜阻表示，农民承包土地的经营权证、农民宅基地的使用权证、农民在宅基地上自建住房的房产证，这三种权益就是农民承包土地的经营权，这种经营权是可以流转的，通过"三证""三权"的确认，建立一个公开、公平、公正的流转市场。拥有土地承包与经营权的人可以转让、抵押，让土地从僵化的资产成为活的资产，解决农业生产资金不足。目前交易市场等已陆续建立，据国际在线报道，为了帮助农民有序流转土地经营权，在全国1200多个县市区、15000多个乡镇，陆续建立了为农村各类产权流转交易提供场所、设施、发布信息、组织交易等服务的农村产权交易中心。土地流转的价格在交易中心由交易双方自行协商，也可以公开竞标。从而开始了土地流转的新时代。

三　土地流转对农民收入的影响

（一）土地流转中产权、契约问题与农民收入

1. 土地流转中的产权、契约问题

目前以家庭承包经营为基础的现行农业经营体制存在以下问题：一是农户生产规模小，无标准，无法满足品牌化要求；二是土地流转相关政策不完善；三是农业经营产销脱节。如通过对上海市青浦地区的土地流转状况进行调查发现，青浦地区的土地流转存在以下四个方面的问题：流转合同不规范；流转程序不合规；流转期限过长，流转价格过低；自

行流转不符合规划。

土地流转中主要、关键性的问题是产权、契约纠纷，农地的产权强度越高，作为生产要素，它被合理配置的可能性越大。土地资源的合理配置包括农业生产的专业化分工的深化和土地边际报酬与土地的边际收益之间的均衡，提高这两方面的效果都将提高土地的利用效率，从而增加农民收入。

农村土地集体产权制度在一定程度上可能会制约土地大规模的集中流转，然而这种制度约束并不能阻碍农户家庭根据其经济禀赋情况对土地资源进行理性配置。当家庭劳动力配置于非农部门并且其相对收益更大时，农户就产生了土地流转的期望。当前，农村土地流转在正式制度背后形成的民间多种契约形式的土地流转行为普遍存在。王春超（2011）调查表明，平均每户转租和承租土地总量达到了1.42亩。可以得出农村土地实际流转的情形并不少见，但其中绝大多数的农户没有正式的契约关系。在2006年的农村土地流转调研中发现，有77.8%的农户反映土地流转是农民自发组织的，有19.7%的农户反映是村里组织的，有76%的农户反映确定土地流转时只有口头协议，只有13.5%的农户反映签订了流转合同，还有6.7%是通过第三者证明的（王春超、李兆能，2008）。因此，农村土地流转的非正式契约关系并没有阻碍农民参与土地流转的积极性。

2. 土地流转中的契约问题对农民收入的影响

农村普遍存在的非正式契约形式的土地流转表现出短期性和随意性特点，这种状况不利于农民收入的持续增长。其主要原因有以下几点。

第一，当前大多数土地流转的"非正式"形式使得农民的土地流转具有短时性和不稳定性的特点。部分外出务工的农户家庭将其土地委托其他人经营，农村土地并没有得以真正集中经营，农民普遍缺乏在代管或者租赁经营的土地上进行长期投资的积极性，这使得长期以来农业生产收益偏低。因此，从农业生产经营者的角度看，短期的代管或者租赁经营并没有在很大程度上提高农业收入，而只是被动地在土地上开展生产经营活动；相应地，由于土地收益普遍偏低，土地价值难以体现，这种"非正式"的契约关系也并没有给外出就业的农民带来较大的租金收益。

第二，长期以来，农村外出劳动力在非农领域的劳动报酬也具有不稳定性，当农民在非农领域的收入遭遇风险时，留在农村的土地难以作为平滑经济风险的资产。土地流转规模总体偏小，价值偏低，完全的产权流转较为困难，因而无法形成对农村非农就业的资金支持。例如，当前普遍存在农民外出就业在待遇、保障等方面受到歧视的现象，农民工社会保障低，加上劳动收入波动比较大，使得外出务工的农民工工资性收入增长缓慢。一旦城市经济发生困难，农民工的就业将会受到很大影响。农民工会很容易受到外部经济环境的影响。此时，在面临非农领域收入短期减少的情况时，农民工家庭的土地难以真正以市场价值体现出来，从而无法将土地资产转化为信贷资金的抵押物，这使得他们极度缺乏信贷资金的支持。这样，农户家庭成员在面对非农领域风险时，往往难以抗击外部经济冲击，非农就业的工资性收入难以持续增长。王春超（2011）对17个省份1612户农户调查后运用SLS计量模型进行分析得出以下结论。其一，增加土地流转量确实对提高农户家庭人均收入具有积极作用，计量分析结果显示，农户承租和转租土地数量的单位增加将会带来农户人均纯收入增加13.2%。农户如果能够较为自由地将家庭土地资源参与市场流转并获得一定的市场价值，能较大程度地提高农户家庭经营收入。其二，农户外出劳动力比例越高，越有利于增加农民的收入，计量分析的结果证明，农户劳动力参与外出非农就业能显著提高农户收入。在计量模型的各种解释变量中，农户外出就业劳动力所占比例对农户收入的影响最大。该变量的标准化回归系数达到了0.20，即该变量的单位增加将会带来农户人均纯收入增长20%。这反映出农户劳动力资源参与外出就业市场对提高农民收入有较大的重要性，农户劳动力如果能较多地参与外出劳动力市场，其收入将提高。

（二）流转程序和价格、农产品价格变动对收入分配的影响

土地经营权转让，如果是在肥沃的经济作物区且流转价格够高，则农民也许可以获得有利的收入。土地经营权转让价格相差极大，只要是

市场价格，都可以接受。在开始阶段，重要的是建立规则，统一交易市场，以公平的规则制定价格，提升交易效率可能是第二位的任务。

在转让过程中，如果缺乏强有力的监督手段和法律约束，例如基层政府逼迫农民将土地转让给政府早已中意的大型企业，暗示其他市场主体不要参与竞争，那么这种转让就可能变成一种土地溢价的不公平利益输送。不掌握定价能力、不具备谈判能力的农民可能将承包权以极低的价格长期出手，农民的利益将会又一次被垄断集团和利益集团操纵和剥夺（胡初枝、黄贤金，2007）。如果我们的法律制度健全，当地政府有关部门确实代表农民的利益，很好地谋划农村和当地区域的整体协调发展，真正实现公平、公正、公开的原则，有好的机制和运营平台，那么将有可能涌现出有实力、懂经营的农业经营大户。而拥有最终经营权的经营者可以长期、安心地经营农场，土地产权保护不足部分，可以通过对合法经营权的保护，得到一定程度的弥补。这样才能真正实现经营者、农民、农村、地方经济多方共赢。

同样，农村集体经营性建设用地入市制度落地时间可能会比较长，首先要试点而后修改法律，根据目前我国现行的《土地管理法》第63条规定，"农民集体所有土地的使用权不得出让、转让或者出租用于非农业建设"。而且，试点时间可能长达两三年。2014年10月，农业部提出将在2017年底完成集体资产股份权能改革试点。此次土改方案中，农地入市仅指集体经营性建设用地中的乡镇企业用地以及公益性事业用地，对于农村宅基地进入市场仍采取先试点，探索推进农民住房财产权抵押、担保、转让等进程。新土改是在既有基础上的改革，在统一产权的基础上，部分恢复中国传统的所有权与经营权的分离，各自交易，与日本等国家第二次世界大战后的土地改革有本质区别，其流转程序和价格都直接影响农民的切身利益。

我国农产品价格自2003年以来经历了三次较大幅度的上涨，杨钢桥等（2011），聂文静、李太平（2015）利用2003~2010年全国农村固定观察点的数据，实证分析了土地流转过程中农产品价格引起的流转地租金变动对土地流转双方收入分配的影响，研究结果表明，近年来农产品价格的上涨显著地拉动了土地流转租金的上升，它与投入要素价格、劳动力状况（亩均农业劳动力数、非农就业机会）、经济作物种植比重和家庭基本特征（受教育程度、年龄、家庭财富、身体健康）共同影响土地流转租金的变化。从地理气候特征具有明显差异的4个地区12个省份的收入分配情况来看，短期内农产品价格上涨在一定程度上能够改善农业生产者的收入，然而长期来看，农产品价格上涨对农民增收的效果有限且作用越来越弱，农产品价格变动下的土地流转双方收入分配格局朝着不利于农业生产者的方向发展，这意味着提高农产品价格等一系列政策并不能有效促使个体收入持续增长。

（三）土地流转规模与农民收入增长

以湖北、江西两省山地丘陵区的调查数据为依据，韩啸（2015）基于农户收入影响模型和农户最优生产经营规模模型，分析土地流转对农民增收的影响以及农户最优的土地经营规模。结果表明：土地流转使得转入户扩大经营规模，有利于农户发展现代化农业，提高土地利用率，有效增加转入户的劳动力平均收入以及劳动力平均种植业收入。但是，土地流转对转出户收入的影响并不显著。土地转出户通常是劳动力已经在一定程度上实现非农就业或因其他原因放弃农业的农户，现有政策环境下，进一步促进家庭中束缚在土地上的劳动力向非农产业转移的动力不足。因此通过转出土地释放的非农就业人口有限，使得转出土地面积对转出户家庭收入影响不显著。对于转入户和转出户而言，单位地块面积的增加均能在一定程度上提高其种植业收入，调查表明湖北、江西两省山地丘陵区的农业生产具有经营规模的内在动力。并且，湖北、江西两省样本区的农户平均土地经营规模仅为0.82公顷，与现有的技术条件下测算得出的两省山地丘陵区农户平均土地最优经营规模3.16公顷之间还有较大差距，推进土地规模化经营具有现实的潜力空间。

（四）土地流转的成本与农民收入增长

土地流转成本是度量农民进行土地流转时所需的时间、财力和物力的投入。庞新军（2014）等从土地流转成本角度对土地流转与农民收入增长关系进行了实证研究。对农民来说，如果土地不流转就会有农业经营成本，如果流转就会发生各种费用，而且流转后会有非农经营成本。土地流转过程中发生的费用主要有以下几方面。①搜寻和信息费用。土地的流转双方要匹配，首先要搜集合适的流转对方，要了解流转对象各种信息（如位置、面积、自然条件、价格等），同时要了解流转接收方可能会采取的行动。目前我国的土地流转市场运作时间不长，土地流转的信息不完全，流转双方信息不对称，因而流转双方都要花费大量的时间和财力搜集信息。过高的搜集和信息费用降低了农民的收入。②谈判和决策费用。流转双方有了意向以后，双方对于土地的使用权进行谈判，主要是关于利益的分割和成本的分担，这是一个非常艰苦的过程。鉴于目前频频出现农民土地利益遭到损坏的状况，这种谈判的成本是非常大的。③监督费用和合约的义务履行费用。

在目前农民还是部分参与市场、信息有限的状况下，如何监督合约的执行以及防止违约行为的发生，对农民来说耗费了大量的人力、物力和财力，这几种费用都影响了农民的收入。实证的结果发现，土地流转成本对农民收入的影响是正向的，这种影响随着土地流转的进行而下降（许庆等，2011）。从长期看，呈现倒"U"形，说明土地流转的效率对农民收入的影响也不是无尽的。从动态的角度看，土地流转规模与土地流转效率要结合起来发挥综合效应。在土地流转的初期，土地流转规模对农户收入的影响较大；在土地流转中期，土地流转的效率对农民收入的影响比较高；在土地流转后期，应通过科技、制度等因素，发挥土地流转的规模和效率，实现农民收入的增加（许庆等，2011）。

实践中，李中（2013）通过对湖南邵阳市跟踪调研数据，运用双重差分（difference - in - differences）计量经济模型对湖南省邵阳市参与和未参与农村土地流转的农户收入变化进行实证调查分析，最后得出如下结论：农村土地流转后参与农户同未参与农户相比，前者中的农户人均纯收入、非农务工人均纯收入和农村土地出租人均纯收入都有明显增加；农作物种植人均纯收入明显下降。农村土地流转后非农务工人均纯收入和农村土地出租对参与农户人均纯收入增长的贡献率高达76%，与农业的自然灾害和市场风险相比，该贡献具有一定的稳定性和持续性。在影响农户收入的相关变量中，被调查农户的受教育程度、务农劳动力占家庭人口比重对人均纯收入、农作物种植人均纯收入和非农务工人均纯收入的影响为正；对国家农田补贴收入和农村土地出租收入的影响为负。被调查农户家庭人口数量对非农务工收入的影响为正，对国家农田补贴收入和农村土地出租收入的影响为负。农户耕地面积除对非农务工收入的影响不明显外，对其他种类的收入影响都为正。

四 总结

从上述研究中我们发现，土地资源与劳动力资源是绝大部分的家庭收入来源，土地流转对农民收入的增加有较大的影响和作用，土地流转对农民收入的影响从长期来看是呈倒"U"形的，每个时期土地流转的规模、效率以及相关制度等对农民的收入都会造成不同程度的影响。

由于我国对土地产权的界定不是非常明确，认为产权流转需要花费一定的成本和代价，交易成本的大小与产权明晰程度、交易规模、交易频率、风险、市场完善程度等有关。一般而言，农地产权越不明晰、交易规模越大、交易频率越高、风险越大、市场越不完善，交易成本越高，这也是目前土地流转的现状。2014年11月，中共中央办公厅、国务院办公厅印发了《关于引导农村土地经营权有序流转发展农业适度规模经营的意见》，并发出通知，要求各地区各部门结合实际认真贯彻执行。这表明要大力发展土地流转和适度规模经营，五年内完成承包经营权确权。未来土地作为生产要素对农民收入的提高会带来较大的作用。但更有待于后续的相关法律、法规的出台来规范土地交易市场，使之更加公平、合理，真正保护农民的切身利益免受侵害，使广大农民成为土地收益的最大赢家，这也是农民脱贫致富的重要途径。

截至2016年9月19日北京取消农业与非农业户口的区别后，至今已有30个省份出台相应政策，随着农业户口的取消，中国农业、土地、就业市场将发生急剧变化，现在作为农业人口拥有的宅基地、承包地的概念也许会成为历史，农民的下一代不再是农民，也不再被分配宅基地，如果家庭父辈土地要传承或赠送，是否涉及征税问题或私有化问题，这与目前土地归国家所有相悖。众多的法律法规亟待建立和完善，未来将产生土地国家所有背景下的土地交易、流转市场，地方政府手中的土地将增加，小农经济即将结束，农庄时代、农场时代、现代农业时代已经开启。

第七章　农民财产性收入的农村集体经营性建设用地入市、收益改革政策分析
——基于沪浙川试点的调查

农村"三块地"改革（农村土地征收、集体经营性建设用地入市、宅基地制度）是农村集体产权制度改革的一项重点工作。2015年下发的《关于农村土地征收、集体经营性建设用地入市、宅基地制度改革试点工作的意见》标志着我国农村土地制度的改革进入试点阶段。2015年全国一共批准了15个农村集体经营性建设用地入市的试点。

完善农村集体经营性建设用地产权制度，夯实农村集体土地权能，建立城乡统一的建设用地市场，健全市场交易规则和服务监管制度，建立兼顾国家、集体、个人的土地增值收益分配机制，逐步形成"同权同价、流转顺畅、收益共享"的集体经营性建设用地入市制度，全面激活农村土地资产，加快释放改革红利，这是农村集体经营性建设用地入市的目标。

农村集体经营性建设用地入市相关改革措施，对推进"十三五"规划的落实，实现新型城镇化，推动城乡协调发展，全面建成小康社会有重要意义。引导和规范农村集体经营性建设用地入市，有利于农民获得财产性不动产的增收。

一 政策背景与相关概念

（一）政策背景

2014年9月29日，中央全面深化改革领导小组会议审议通过了《积极发展农民股份合作赋予农民对集体资产股份权能改革试点方案》。

2014年12月2日，中共中央总书记、国家主席、中央军委主席习近平主持召开会议审议了《关于农村土地征收、集体经营性建设用地入市、宅基地制度改革试点工作的意见》。

2015年中央"一号文件"对推进农村集体产权制度改革做出了明确部署，要求探索农村集体所有制的有效实现形式，创新农村集体经济运行机制。对非经营性资产，重点是探索有利于提高公共服务能力的集体统一运营管理有效机制；对经营性资产，重点是明晰产权归属，将资产折股量化到本集体经济组织成员，并发展多种形式的股份合作。

2015年发布的《关于农村土地征收、集体经营性建设用地入市、宅基地制度改革试点工作的意见》标志着我国农村土地制度的改革即将进入试点阶段，试点工作将于2017年底完成。

中央的这些决策部署为我国推进农村集体产权制度改革指明了方向，也意味着研究推出的稳定和完善农村基本经营制度的指导意见将全面投入实践。

第二次全国土地调查主要成果及其他相关数据显示，全国农村集体土地的总面积为66.9亿亩，其中包括55.3亿亩农用地和3.1亿亩建设用地，非资源性资产达到2.4万亿元，这些资产和资源是集体经济存在的根基，是农村集体成员的一笔巨大财富。

随着农村集体资产规模的不断增大以及工业化、城镇化的深入推进，资产闲置及产权不明确导致的城乡要素交换关系不平等的问题制约着我国农村、城镇整体的中长期发展。在此背景下，政府一系列有关农村土地流转和改革的政策被推动出台。

（二）相关概念

1. 集体经营性建设用地的概念

农村集体经营性建设用地是指存量的，所有权归属乡镇、村集体、村小组（或生产队、社等）的集体建设用地，租赁、转让给企业、个人用于商业、服务业、工业、仓储等以营利性为目的的土地。在江浙，这些建设用地多数已经成为厂房、仓库、商业市场等，一定意义上是一个历史遗留问题。集体经营性建设用地也包括在《土地管理法》出台前，珠三角等地的农村转让给企业和个人的土地。此外，以营利为目的是指用于商业、餐饮旅馆业、旅游业、娱乐业及其他经营性服务业建筑及相应附属设施或商品住宅等，而不包括房地产开发或小产权房。事实上，集体经营性建设用地的流转从20世纪80年代开始一直存在。在广东就曾出现以出让、转让、出租和抵押等形式自发流转集体建设用地使用权的隐性市场。

2. 入市的概念与条件

入市是指存量的农村集体经营性建设用地在符合规划和用途管制的前提下，允许农村集体经营性建设用地使用权在农村产权交易中心或国有土地交易所或其他接受政府监管的公共平台，以招拍挂、协议出让的入市形式，以投标、拍卖、挂牌出让、租赁、入股等的交易形式将使用权有偿转让给他人使用，并在整个入市过程中努力实现与国有土地同等入市、同权、同价、同责。而且地块入市应具备五项条件：一是完成农村产权制度改革及集体建设用地所有权、使用权确权登记，持有集体建设用地所有权证，土地权属清晰、无争议；二是符合控制性详细规划或村庄规划；三是符合国家和本市产业政策、环保政策，符合农村集体经营性建设用地入市政策，具备开发条件；四是无违法用地行为和司法机关依法裁定查封或其他形式限定土地权利的情形；五是法律法规规定的其他条件。

3. 土地增值收益调节金的概念

土地增值收益调节金是按照建立同权同价、流转顺畅、收益共享的农村集体经营性建设用地入市制度的目标,并参照国有土地收取标准以及土地前期成本,在农村集体经营性建设用地入市及再转让环节,对土地增值收益收取的资金。对农村集体经营性建设用地征收土地增值收益调节金是与国有土地同责的重要体现,也是实现收益共享的关键因素。

二　基于沪浙川试点调查的案例研究

(一) 试点调研情况概述

1. 上海市松江区试点

2016 年松江区共入市 3 宗地,推进改革比较晚,前期将重点放在了土地的风险评估上,区地价水平比较高,成交价约为 400 万元/亩,松江区试点的主要目标是使农民的利益大幅度提高,保障农民的自主经营能力。

松江区试点改革过程中制定了集体经营性建设用地入市"1＋5"配套文件。参照国有建设用地同等入市制度,在上海市统一的土地交易市场内进行,实施统一规则、统一平台、统一监管。农村集体经营性建设用地入市的出让人是代表其所有权的农民集体资产管理公司。

在土地增值收益调节金方面,松江区收取的比例为 50%,即出让收入扣除土地增值收益调节金以外的部分归集体经济组织所有。土地调节金的用途,将参照国有建设用地使用权出让收益征缴、分配比例,全区范围内统筹,优先用于支持松江区经济欠发达地区。

在入市形式和交易方式上,松江区的做法主要是就地入市,调整入市,在市土地交易中心挂牌出让、挂牌租赁的方式目前还未涉及。在土地的使用权抵押体系上,松江区银行允许根据出让金的 60% 来进行抵押贷款。

2. 浙江省德清县试点

2015 年浙江省德清县共 45 宗地入市,总交易额为 1.1 亿元,村集体共分配有 9000 多万元,收取土地增值收益调节金 1000 多万元,土地主体

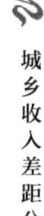

为乡镇集体、组的很少。

2015年上半年进行"一村一梳理，一地一梳理"，排定了符合入市条件的地块1103宗共6930亩，初步估计可获得土地出让金25亿元。配套政策上，形成了"一办法、两意见、五规定、十范本"的完整制度体系，保障了改革的规范性。

农村集体土地"三级所有、队为基础"的历史沿革在德清存量集体经营性建设用地上都有体现。为此，在入市主体上，德清县明确，属乡镇农民集体所有的，由乡镇人民政府委托经营公司作为入市实施主体；属村集体经济组织所有的，由村股份经济合作社或集体资产管理公司作为入市主体；分别属于村内两个以上集体经济组织的，由村内集体经济组织行使所有权，在自愿的基础上委托村股份经济合作社作为入市主体。

在政府职能的定位上，德清县明确只有服务和监管职能，为便于改革试点推进，启动之初要求有关部门主动介入，县国土资源局作为牵头方。

在入市方式上，充分考虑地块现实情况和群众接受度并大胆创新，集体经营性建设用地有"就地入市、调整入市、城中村整治入市"三种途径，有"出让、租赁、作价入股"三种有偿使用方式。

在交易地点上，全县集体经营性建设用地统一纳入县公共资源交易中心交易；在具体交易流程和规则设计上，基本参照国有建设用地交易。

在土地增值收益调节金收取上，采取倒推法测算，体现同权、同价、同责。另外，充分考虑规划用途的差异，综合确定了"按类别、有级差"的增值收益调节金收取模式，即工业用地按区域位置不同分别按16%、20%、24%收取，商服用地按土地级差不同分别按32%、40%、48%收取。政府收取的调节金明确表示将用于农村基础设施建设、环境建设、土地前期开发等支出。

在集体经济组织内部收益分配使用上，优先考虑农村长远发展，股权量化体现收益共享。德清县制定了《德清县农村集体经营性建设用地入市收益分配管理规定（试行）》，明确入市收益作为集体积累，统一列入集体公积金、公益金进行管理。

3. 四川省郫县试点

至2016年上半年，四川省郫县已完成11宗集体经营性建设用地入市，总面积为78.096亩，成交总额为5048.7424万元，均价64.6479万元/亩。对战旗村探索作价入股方式，安龙村自主开发入市方式，太和场开展城中村整治入市方式，入市项目样本齐全。

经过一年多的改革实践，郫县探索出"三定"摸底、规划管控、入市交易、收益分配、合同续期、抵押担保和乡村治理七大改革路径；初步形成了机制、制度、规划、项目、理论和发展六大成果。

收益分配机制上，外部收益分配按照"分区位，有级差"思路，工矿和仓储按成交价的15%~40%计算；入市后再进行转让、出租的，以土地收入的3%缴纳增值收益调节金。内部收益分配方面，参照新、老公司法关于提取利润作为"法定公积金"、"任意公积金"和"公益金"的做法，"二八开"分配，即20%作为集体经济成员分红，80%用于公积金和公益金。

入市主体上，确认为集体资产管理公司、农村股份经济合作社或村集体、乡镇集体或村民小组农民集体委托的授权机构；入市规模上，典型代表是白云村推出的"宗地联合入市，区域连片打造"。

同权抵押担保机制上，郫县出台农村集体建设用地使用权抵押贷款管理办法，对金融机构给予专项奖励和信贷激励，并将其纳入县农村产权抵押融资风险基金保障范围，并对收购处置的净损失按4:6的比例分担。

（二）土地入市收益分配制度比较

1. 土地入市村民意愿调查分析

在课题组实地调研过程中，根据实际情况，针对村民这类调研对象，本小组成员以问卷为主、半结构访谈为辅的方法，在三项试点中根据随机抽取的原则，选取村民进行调研，发放收集了331份问卷样本，剔除了14份无效问卷，共收回317份有效问卷样本。

关于村民入市态度的调查如图7.1所示。

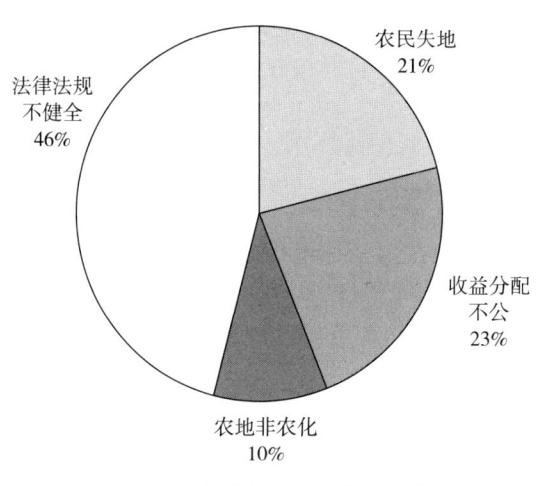

图 7.1　土地入市村民态度调查

在问及试点村民在参与入市改革中碰到的最难的问题时,"集体经济成员身份的确认"这一回答达到了47%（见图7.2），究竟谁应持有股份，享受村集体发展带来的福利，是根据户籍人数还是实际在村的人数，外嫁村民、新嫁入村民和长期外来务工人员、挂靠户口、退休工人等是否应确认为集体经济成员等，这些问题在改革之初困扰了各村很久。但后来普遍的做法是以农村经济股份合作社或村集体资产管理公司成立当天确定的户籍人数为集体经济成员总数。

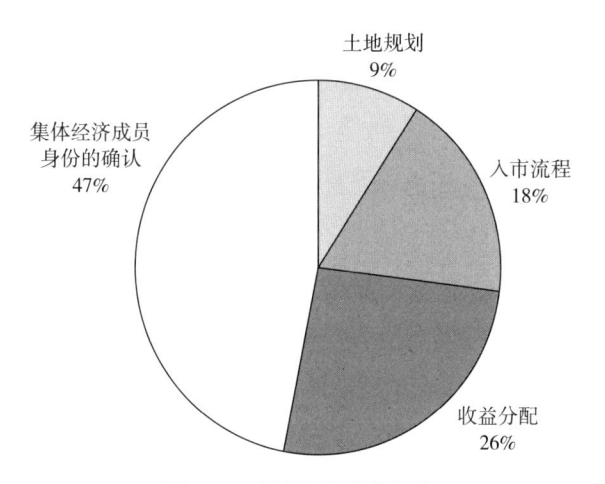

图 7.2　土地入市难点调查

问卷其他统计数据显示，德清县和郫县村民的净收入普遍在1.5万~

2.5万元（德清县外出务工人员较多，其年收入略高于郫县），各种形式的入市实际分配收益总和普遍在500~1000元（占郫县入市收益直接分配净收入的20%），入市收益直接分配对村民的年收入或现金收入影响和意义很小。

2. 土地入市改革收益比较

在对试点区县以村为样本进行调研时，我们发现各个试点中的村做法各有创新和特色，对其进行总结有以下几种类型。

（1）经济发达型

以上海市松江区、北京市大兴区、广东佛山区三个试点区为典型。其土地市场总体呈现出价格高、增速快的特点；不同性质的土地表现出不同的规律；土地出让收入总量大、溢价率高、随时间波动大。其中上海市松江区首宗集体建设用地入市交易价款约400万元/亩，北京市大兴区交易价款约250万元/亩，出让金比例均在30%以上。

因此，对于此类试点，直接分配净收益时取得的人均收入较大，且地处一线城市，入市成本也较高，入市收益在区之间的平衡也较难把握，相关政策在制定时应给予特别考虑。应该更多地促进农民利益的大幅度提高，保障农民的自主经营能力。

（2）项目建设型

以调研试点的德清县宋市村、郫县青杠树村为典型，两村自然资源极为丰富。四面环水的宋市村正在建设的美丽乡村项目于2015年开始启动，然而宋市村村集体2015年的总收益却只有20万元左右，但在2016年上半年宋市村对集体建设用地进行规划时，预计带来的村集体净收入为50万元，能为本村的美丽乡村项目注入可观且强有力的资本从而推动项目的进行。同样，郫县青杠树村也在打造一个属于中国十大美丽乡村的项目，通过一个更大的旅游项目的发展来带动本村经济，虽然目前村集体属于负债运营，但是青杠树村景点的打造已经具有相当的规模，当地村民大多以开办农家乐为主要营生，旅游旺季客流量也非常大。

两个村的共同点是村集体的发展依托美丽乡村项目的发展，并继续投入大笔资金，两村均将归属于村集体的建设用地净收益用来偿还项目债款或项目投入，所以属于项目建设型。

（3）企业导向型

郫县红光镇白云村在2016年上半年连续推出四宗地块，且受让方均为绿色食品公司多利集团。多利集团在白云村及邻村斥资约10亿元，通过连片规划来整体打造第一、二、三产业融合发展的农业观光暨生态旅游项目。整个村子的发展不再具有固定形式，而是依托多利集团的发展而发展，同时也极大地促进了当地村民在当地就业。通过测算，多利集团给白云村带来的额外年人均净收入约8500元。

若村集体有连片的可入市的集体经营性建设用地，可参照白云村的发展模式，积极引入企业以带动本村经济发展。

（4）市场发展型

郫县战旗村仅仅抓住近年来土地改革带来的机遇，结合现有的景区资源，将已确权办证的63亩集体建设用地推向市场，也产生了四川省第一宗集体建设用地。出让地均配套周围景区的发展，同时也积极开发豆瓣文化旅游资源，展示经典。集体建设用地入市更加推动了该村向市场化发展目标的迈进，发展本村的经济和促进本村村民就地就业，形成村、企、农互动的良性循环发展的新型农村集体经济市场化的运作模式。

郫县战旗村的高度市场化的发展模式和战略对我国其他地区的发展极具借鉴意义。

（三）试点中的收益分配机制问题分析

1. 内外不同的收益分配机制

对于村集体所有的土地，在外部收益上，德清县和郫县充分考虑规划和区位的差异，差别化收取收益调节金，根据土地所在区域的基准定价、规划用途以及入市方式的不同，收取不同的土地收益调节金：工业、矿业、仓储业按13%~23%的比例收取；商业服务业按32%~38%的比例收取；入市后再转让、出租的，收取3%的增值收益调节金。在内部收益上，三项试点均充分考虑村民普遍意愿，德清县在集体经济组织内部收益分配使用上，优先考虑农村长远发展，股权量化体现收益共享，明确入市收益作为集体积累，统一列入集体公积金、公益金进行管理，该收益作为村股份经济合作社经营性资产追加量化成员股权。郫县按照老公司法中"二八开"的方式作为村集体收益分配原则，将不低于入市收益的80%作为集体经济组织的公积金和公益金，剩下的部分用于集体组织成员分红。

综合两种收益分配模式，实质上均有兼顾国家、集体、个人收益共享的思想。各个试点因其经济发展状况和文化思想不同而有一定的偏差。但出于试点阶段的改革，各试点县各自探索适合自己的发展路径，创建自己的收益分配机制。可当此次试点阶段结束后，需要将改革的试点成果及相关经验做法推向全国各县借鉴时，必须是一个统一的、规范的，能够包络全国的收益分配制度，而不能让每个县、每个村都各行其道，采取不同的收益分配机制（闻海燕、董亚珍，2010）。

2. 涉及村民小组土地的入市收益机制

在试点调研中，德清县根据试点文件要求，集体建设用地属于村民小组的，村集体提取10%的入市收益净值用于村集体公益事业发展，余下的可在小组成员中直接分配。而郫县的做法是直接分配所属村小组的集体建设用地入市的净收益。笔者在调研过程中发现，村小组是村的重要组织部分，即便村集体发展缓慢，也应承担村中大部分公益支出和更多的社会及村集体发展的责任。

如图7.3所示，各村在村集体经营性建设用地入市后产生了明显的股权增值变化，虽然目前只是在集体资产管理公司的账目上无法变现，但

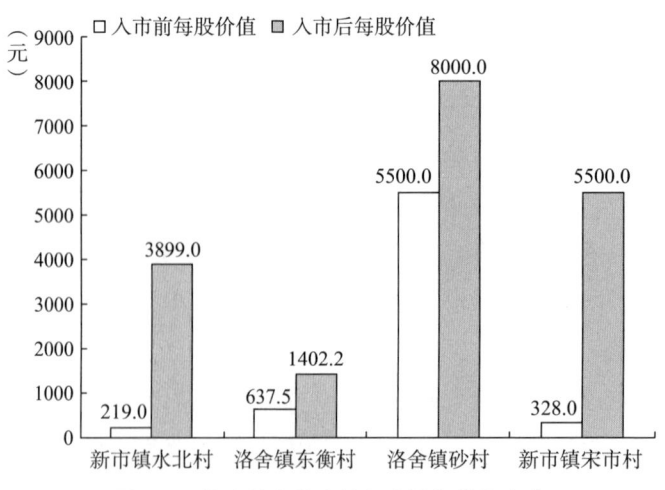

图7.3 德清县集体土地入市股权增值变化

每年年末村集体都会进行一定比例的分红，这无疑是更长远的收益分配机制。

无论是德清县的收益返还集体10%后再在组织成员中平均分配，还是郫县的不提取任何集体福利直接分配的做法，从促进村集体的发展角度来看，各自所承担的集体公益责任都还有待加强。

三 完善和加强收益分配机制建设的策略

（一）建立统一的收益分配机制

"农地入市"收益是指农村集体经营性建设用地使用权入市流转所产生的利益的总和，包括出让金、转让金、租金、股利等。

农村集体建设用地使用权流转涉及国家、集体、土地使用者、农民个人等多方主体的利益，只有建立合理的利益分配格局，照顾好各方主体的利益，流转才能顺利进行，各方主体才能在流转过程中获得收益。

为了集体组织的长期发展，同时为了克服农民自身具有的局限性，浙江省第十二届人民代表大会常务委员会通过的《浙江省农村集体资产管理条例》第二十七条明确规定："集体经营性建设用地依法入市的，其入市收益作为集体资产可以折股量化到本集体经济组织成员，但不得直接分配给集体经济组织成员。"

"农地入市"的收益对农村的公益金、公积金贡献重大，对未来农村长期发展有着潜在的意义，建立规划清晰、公开透明、统一收益的分配机制势在必行。

（二）完善农村抵押贷款等金融体系

将集体经营性建设用地入市后的使用权进行抵押贷款是集体建设用地与国有建设用地"同权、同价、同责"的重要体现，同时也是对承租人依法利用所购买的土地使用权获得相关权益的保障。

2016年中央的"一号文件"中也提到，要推动金融资源更多地向农村倾斜。加快构建多层次、广覆盖、可持续的农村金融服务体系，发展农村普惠金融，降低融资成本，全面激活农村金融服务链条。进一步改善存取款、支付等基本金融服务。而正在试点改革中的农村集体经营性建设用地使用权抵押体系也是推进农村金融服务体系建设的重要一步（姚涛，2010）。

农村集体经营性建设用地入市改革，全面激活农村土地资产，加快释放改革红利，建立集体经营性建设用地抵押融资体系，强化金融服务对改革试点的支撑作用，推进农村集体经营性建设用地入市的配套抵押权体系势在必行。

但根据本课题组实地调研发现，目前在浙江省德清县，只有中国农业银行做到了同价、同权，给予相应的地块使用权的抵押贷款。显而易见，改革之初银行等金融机构对此尚有顾虑。2016年5月13日，中国银监会国土资源部印发了《关于农村集体经营性建设用地使用权抵押贷款管理暂行办法的通知》，提到要规范推进农村集体经营性建设用地使用权抵押贷款工作，并鼓励有条件的试点区县建立风险金保障机制，实现风险共担。同时，本课题组通过对实地的调研发现，除了郫县的风险补偿的抵押权能体系较为成熟，其他试点县都还处于起步和探索阶段，风险分担、融资奖励的金融保障机制发展较为缓慢。

在城乡统筹改革一直走在全国前列的成都市郫县，在关于土地承包经营权、土地使用权抵押贷款机制方面早已成熟，郫县出台农村集体建设用地使用权抵押贷款管理办法，对金融机构给予专项奖励和信贷激励，并将其纳入县农村产权抵押融资风险基金保障范围，并对收购处置的净损失按4∶6的比例分担，为金融机构和投资人解除后顾之忧，希望能更好地发挥市场在配置资源中的决定性作用。对此，有如下几点建议。①省级政府、试点区县政府应推动与银行等金融机构的层次合作，初步建立以农业银行为中心，覆盖全国33个试点，为以后全国的金融机构抵押体系的建立做准备，规范农村集体经营性建设用地使用权抵押贷款机制。②建议加强沟通，适当地实施奖励政策，激发广大银行参与其中。完善农村产权抵押融资风险基金保障体系，根据市县自身情况对出现的净损失进行一定比例的补偿。③同时，政府鼓励银行对集体建设用地使用权给予抵押贷款，但不能完全为其托底，否则集腋成裘，最后出现政府不堪重负的局面。政府和银行等金融机构要明确其中的权利和责任、义务，银行也需要对其市场化的经营行为负起责任。

（三）修订和完善现行相关法律、法规

2015年全国人大常委会的《关于授权国务院在北京市大兴区等33个试点县（市、区）行政区域暂时调整实施有关法律规定的决定（草案）》暂时调整了《土地管理法》《中华人民共和国城市房地产管理法》的相关规定，为集体经营性建设用地入市暂时排除了最根本的法律障碍，但是集体经营性建设用地入市并没有明确的法律法规可遵循。例如，《中华人民共和国物权法》（以下简称《物权法》）第十二章"建设用地使用权"对建设用地使用权明确限定为国有建设用地使用权，即"建设用地使用权人依法对国家所有的土地享有占有、使用和收益的权利，有权利用该土地建造建筑物、构筑物及其附属设施"。《物权法》第一百五十一条规定，"集体所有的土地作为建设用地的，应当依照土地管理法等法律规定办理"。

《土地管理法》对集体经营性建设用地如何流转有严格限制，且集体经营性建设用地使用权与国有建设用地使用权相比又有其特殊性，实际上集体经营性建设用地入市亦存在一些特殊的法律问题。

（四）加强、完善政府土地使用二级市场监管

与国有建设土地出让不同，集体经营性建设用地一部分存在一定的地上建筑物。入市后只有小部分得到改造、新建，因此，集体经营性建设用地的批后监管问题不能与国有建设用地同等地纳入国有建设监管系统，法律层面也存在监管主体不明确的问题，即村集体经济组织的监管力度和效力都远远不够。

监管主体难以确定，就意味着难以从根本上解决问题。因此笔者建议，区县政府在探索批后监管主体问题的同时，也应完善集体建设土地使用权二级市场。如发生了承租方恶意出租、转让等行为，村集体不仅

完全有权力收回其土地的使用权，而且依然能够重新评估地上资产和土地使用权的增值，重新在农村产权资源交易中心招、拍、挂，实现与国有土地更进一步的同权、同价、同责。同时，是否拥有完善的土地二级市场是银行是否给予土地使用权抵押贷款的重要考虑因素。

（五）完善收益分配体系，加强收益分配权的机制建设

1. 完善收益分配体系

农村集体经营性建设用地使用权流转制度作为一种制度创新，其最终在全国范围内的推行及正式制度化需要中央政府的支持。故农村集体经营性建设用地的增值得益于各级政府的基础设施建设投资，让国家也从流转中获益，有利于加快农村集体经营性建设用地制度改革的进程；农村集体作为土地的所有者，应在流转过程中获得其作为所有权人应该享有的财产权益；农民个人作为集体组织成员和做出流转实际决策的一员，应当成为流转行为的最终受益者；而土地使用者应该获得与其投入相适应的收益。

农村集体经营性建设用地的收益应归产权所有人，政府和土地行政管理部门只是居于管理者的位置，没有依据直接参与流转收益的分配，因而只能通过收取调节金的方式进行二次分配。

因此，笔者建议，一是以收益初次分配基于产权、二次分配基于税制为原则，保障双方利益协调发展。在二次分配中，主要目的是解决用途管制、耕地保护和数量管制等原因而造成的不同集体所享有的集体经营性建设用地数量不均衡，进而利益分配不合理问题。二是收益分配过程中，各方分配比例的确定，应本着公平和效率的原则，结合实际，合理确定。建立政府干部、村干部、集体组织成员结构激励机制，鼓励创新的收益投资项目与创新的管理机制。三是对初次、二次分配中所得收益的用途规划，初次收益主要用于增加农户收入与发展村集体。而政府从农村集体经营性建设用地入市流转过程中所取得的利益，应当主要用于农业土地整理开发、农民社会保障、农村基础设施建设等涉农方面或入市地块平衡统筹区域利益，进而促进"农地入市"能够良性循环（刘

祥东，2008）。

2. 加强收益分配权的机制建设

集体经营性建设用地入市收益分配权属于农民集体成员所有，虽然《物权法》第五十九条第一款提出"成员集体所有"概念，但对成员权的法律性质和具体内涵并未界定和规范。

农民集体成员权是与农民户籍密切相关的具有财产权利属性的特殊权利，是以土地权利为核心的身份权。在法理上，成员权分为实体性权利和程序性权利两项基本权利，实体性权利可具体分为分配请求权和获益权；程序性权利则以知情权、表决权和监督权作为成员参与权的三个层次。对此，笔者有以下几点建议。

（1）贯彻实施集体经营性建设用地入市收益分配权的实现程序。入市收益分配权是集体成员所享有的重要实体性权利之一，是集体成员获取集体土地收益的重要方式。据此，关于集体经营性建设用地入市收益分配问题应由集体成员（代表）大会依照法定程序取得2/3人数同意方可决策，以此保障集体成员的知情权、表决权和监督权。

（2）入市收益的具体分配方案除由集体成员依照法定程序共同决定外，还受纲领性文件限制。收益分配应由村集体根据自身需求及发展特点在政府出台相应统一的纲领性文件的指导下，明确分配规则的波动区间，如浙江德清县人大明确表示，分配不得一次性分予农户，应在保证政策的良性落实与长期发展的前提下，创新分配方式。

（3）建立具有公信力的裁决机构，为集体建设用地相关权益人提供高效便捷、成本低廉的救济渠道。我们认为可以建立两级相互协调统一的裁决处，即在基层村委会以及试点改革牵头单位国土资源管理局分别开设"入市裁决处"，以试点改革总设计的国土资源管理局负责监督领导基层村委会裁决处，与收益分配紧密相关的基层村委会裁决处仅具有调解相关权益人纠纷的权能，裁决不具法律效力，遇到不能解决的纠纷需提交上级处理并备案，以积累相关裁决经验，为日后试点向全国推开积累经验。上级不能处理的或触及刑事犯罪的要提交人民法院。

第八章　有效平抑城乡收入差距的策略及政策建议

一　引导农民工返乡创业的政策支持

1. 农民工返乡创业的必要性及意义

自2008年金融危机以来，沿海地区劳动密集型企业受到很大冲击。这些企业大规模裁员，造成大量农民工失业。失业农民工若不选择返乡而继续留在城市，那么劳动力需求下降、劳动技能要求提高的现实与农民工技能素质偏低的矛盾必将越来越突出。合理引导农民工返乡创业，既能扩大就业，又能提高其收入的稳定性，进而提高农村消费水平，拉动内需，使经济平稳发展，这是应对经济危机的最好举措。

(1) 实现返乡农民工创业是建设社会主义新农村的最佳途径

新农村建设是新时期国家经济和社会发展的全新命题，而农民的"主体性缺失"无疑对新农村建设进程有着严重的阻碍（薛泽林、郑扬，2012）。对于"空心村"问题的解决，则要走农业产业化之路，建立农民专业合作社、发展小城镇等。新农村建设是全社会的共同任务，但首先是农民自己的任务，所以新农村建设一定要充分发挥农民的主体作用（薛泽林、郑扬，2012）。没有农民参与的新农村建设注定是不可持续的。大量的青壮年农民的流失，使新农村建设只是停留在基础设施的完善等表面工程上，并没有真正让农村的发展呈现应有的活力。

因此现阶段，政府应引导部分优秀农民工回乡创业，实现农民工由普通打工者向创业者转变,以他们的创业带动农村就业,形成以创业带动就业、以就业促创业的良性互动格局,真正实现外出打工"输出一人、致富一家"的"加法",向回乡创业"一人创业、致富一方"的"乘法"转变,加快落实新农村建设政策(薛泽林、郑扬,2012)。

(2)实现返乡农民工创业是提高城市化质量的有力保障

大量农村剩余劳动力涌入城市,超过了城市合理人口容载量,造成诸如城市交通拥堵、治安混乱、环境污染等治理难题,严重影响城市居民的生活质量。此外,生活在城里的农民工,始终没有享受到一个市民所应享有的待遇,城乡二元体制下的不平等所造成的心理落差滋生着各种不和谐因素,严重威胁着城市的稳定。因此,引导农民工回乡创业是促进城市健康发展的必然选择(胡豹,2012)。

2. 关于农民工培训、就业的相关政策

近年来国家相继出台有关农民工培训、就业的一系列政策文件。

农业部印发《关于做好农村富余劳动力转移就业服务工作的意见》(农政发〔2002〕4号),《中共浙江省委、浙江省人民政府关于进一步加强和改进对农村进城务工人员服务和管理的若干意见》(浙委〔2006〕10号)的出台,《国务院办公厅关于做好农民进城务工就业管理和服务工作的通知》(国办发〔2003〕1号),《国务院办公厅关于进一步做好改善农民进城就业环境工作的通知》(国办发〔2004〕92号);2003年,农业部联合劳动和社会保障部等制定了《2003—2010年全国农民工培训规划》(国办发〔2003〕79号),明确了培训的目标和任务、培训的经费三方承担机制及相关实施举措;2004年,六部门启动实施了"农村劳动力转移培训阳光工程",在输出地开展劳动转移培训工作,按照"政府推动、学校主办、部门监管、农民受益"的原则进行,至2006年中央安排投入专项资金12.5亿元,根据不同地区标准进行补助:东部人均120元、中部160元、西部180元,扩大了工程规模。

2010年,国务院根据农民工培训工作的经验和现状,再次明确了培训工作的基本原则、培训项目的统筹规划及资金使用和监督等问题,更加细化了培训工作的要求,如实施分类和以市场需求为导向的培训、各省份根据农民工培训内容完善补贴政策并加强资金过程监管,同时强化政府和企业的作用，促进培训工作质量提升等。2014年人社部提出，要实施农民工技能提升计划，主要针对新生代农民工，加大投入，到2020年，力争使新进入人力资源市场的农村转移就业劳动者都有机会接受一次技能培训。

一系列就业培训政策措施的出台，无疑提高了农民工自身素质和技能，使其无论在城市就业还是回乡创业都具备了更有利的条件。

3. 引导农民工回乡创业的举措

（1）加强基础教育投入

教育投入应坚持"公平优先、兼顾效率"的原则，新增教育经费应主要流向农村偏远地区、实力薄弱学校、弱势人群。完善农村基础教育设施，普及农村义务教育，提高农村教育质量。培育农村高素质人才，是支持返乡农民工创业，为农村企业输送高质量人力资源的主要途径。政府要加强农村远程教育工作，促进城乡优质教育资源共享，提高农村教育质量和效益，促进城乡教育的均衡发展。

（2）加强职业技能培训

职业技能培训是促进农民工返乡创业的必由之路，政府应为农民工搭建学习平台，建立农民工创业培训基地，开展农民工返乡创业培训，提高农民工的创业能力和经营管理水平。可以将高校资源投入到政府的相关培训项目中，组织专家，建立志愿者团队，免费为返乡创业农民工提供培训服务。

（3）优化融资环境，开放融资渠道

健全金融信贷服务，改进服务质量。鼓励支持商业银行到农村地区设立网点，加大支农信贷投入力度，支持农村产业化发展，简化贷款手续，改善对农民工返乡创业的金融服务质量。创新金融产品，从农民工的角度出发，为其返乡创业提供新的金融服务。

城市创业者可以运用融资手段取得创业资金，如风险投资、房子抵押、信用卡透支等，而返乡创业农民工则不具备运用这些融资手段的条件。早期回乡创业者的资金多数依靠自身积累和亲朋支援，很难得到正规银行、信用社等金融结构的支持。我国现有制度没有提高农民信用力的措施，欠发达地区长期面临农村金融机构信贷资金净流出的情况。因此，多数回乡创业者只能以自有资金为创业的起点。农村的创业环境与农民工创业的要求相比，还有很大的差距。

改善贷款抵押制度。针对贷款过程中出现的担保难，一是鼓励银行根据农民现有资产情况，扩大抵押担保的设定范围，各类金融机构应积极开办农民住房、农户宅基地、土地经营权等各项动产和不动产的抵押贷款，扩大农民工贷款有效担保范围，尽可能地为农民工创业融资提供支持；二是探索林权抵押、养殖水面使用权抵押、耕地抵押等农业经营权抵押的新模式，通过地方政府提供信贷担保，对于确实需要资金帮助的、有市场前景、较为成熟的农民工返乡创业项目给予支持（谢晖颖，2010）。

（4）完善基础设施建设，营造良好创业环境

完善农村水、电、通信、交通、能源等基础建设及其配套设施，降低交通运输成本，缩短产品供销周期。规范政府部门行为，防止乱收费、乱罚款现象的出现。简化返乡农民工创业需到相关政府部门进行登记等手续，为返乡农民工创业开设绿色通道。

（5）成立行业协会，建立返乡农民工就业创业信息平台

为加强与经济发达地区相关行业及生产上游供应商与下游销售厂商的联系，畅通市场信息渠道，政府应牵头成立行业协会，使之成为返乡农民工人才的集散地，成为农民工合伙创业、寻求资金的平台，以引导当地的主导产业做大做强。建立返乡农民工就业创业信息平台，可以为返乡农民工提供政策信息、培训信息、岗位信息、融资信息等服务（张秀娥等，2012）。

二 加快土地流转制度的完善及实践，提高农民财产性收入

随着市场化的发展，土地经济价值攀升，农民又缺乏明晰的产权，基层政权与农民的博弈引发了农村劳动力的外流。另外，农民经营的土地投入与收益增长有限性矛盾突出，而另一种农业产业化—规模化经营

又使他们在乡村变得无所事事，对土地的控制与收益加快了农民进城的步伐。

现行土地产权制度中，由于农民土地产权的不完整，土地归"集体"所有，农民除了拥有使用权外，土地的收益权和转让权都会受到政府的干涉，农民关于土地市场化的交易价格并无太多发言权，主动权仍然掌握在政府手中。在农民工转换身份——"市民化"的过程中，农民没有自由处置土地财产的权利，农民一旦改变农民身份就需无偿退出具有经营权的承包地，而对于具有私产性的宅基地也只能交还集体组织。这种制度造成农民工即使流动性很大，也仍然不愿放弃承包地和宅基地，这既不利于农民工市民化，也造成土地资源的浪费。

据2016年9月20日《经济日报》报道，目前全国有超过1/3的承包地流转出去，截至2015年底，全国有1231个县（市）、17826个乡镇建立了土地流转服务中心，覆盖全国43%的县级行政区。以后就由交易市场来决定土地价格。现在不少地方政府也在探索农民进城后如何更好地处置土地与农民工的利益问题，如天津华明模式和重庆九龙坡模式，前者是用宅基地换住房的模式，后者主要是用农村承包地换社保、用宅基地换城市住房的模式，这类模式促进了农民市民化过程中土地的处置问题的解决，但是改革实践中仍然会存在一定的社会风险。尽管2014年11月，中共中央办公厅、国务院办公厅印发了《关于引导农村土地经营权有序流转发展农业适度规模经营的意见》，开启了农村土地流转有章可循、有法可依的新局面，但实践中还会出现哪些问题和弊端，相应的法律、法规能否适应和具备，依然需要当地政府、法律制定者和执行者、学者根据我国国情和实际情况不断探讨和践行。

加快农村体制改革，包括创新农村土地制度和改善农村金融体制两个方面。一方面，创新完善农村土地制度，改革土地的流转模式，使农村土地市场形成新的格局。对于土地流转的机制，鼓励农民朋友创新，对于转让、转租等形式的租户给予一定的优惠补贴，以此形成农业大户，而对采取合作社的农户实行分红的形式，促进城乡一体化建设。另一方面，对农村金融体制的改革，应尽快建设覆盖所有农村的金融体系，作为农村金融组织的辅助力量，为农民创业提供有力的保障。就农民创业贷款项目，在信用达标的情况下可进行多种形式的资产抵押，以提高农民的贷款能力。

三 建立健全农村养老保险制度及农民工城市待遇

1. 健全农村养老保险制度

新型农村社会养老保险和城镇居民社会养老保险制度合并，建立统一的城乡居民基本养老保险，即《国务院关于建立统一的城乡居民基本养老保险制度的意见》（国发〔2014〕8号）。2014年新型农村社会养老保险和城镇居民社会养老保险两项制度合并实施，意味着农民工在迁入城市后可按迁入地规定继续参保缴费，有利于实现跨地区养老，有利于在政策上实现城乡基本公共服务的对接，也增加了农民工的社会安全感，减少了劳动力流动的顾虑和成本。

新农保和城居保的并轨，让农民工在城市有了更多的社会保障，但农民工参与的社会保障比例较低，根据国家统计局发布的2013年外出农民工参加社会保障比例显示，农民工参与的养老保险、医疗保险、工伤保险、失业保险和生育保险的比例分别为15.7%、17.6%、28.5%、9.1%、6.6%，同比增长1.4%、0.7%、4.5%、0.7%、0.5%，虽然同比均有所提升，但总体状况不容乐观。受到制度因素的影响，农民工成为城市的"边缘群体"。一方面，参与城镇职工医疗保险遇到户籍制度排斥和缴费负担的困难；另一方面，农民在农村参与新农合医疗保险只能在归属地享受。农民工流动性较大，其医保关系却不能顺利转接，极大地阻碍了农民工市民化的趋势，因而整合城镇与农村的基本医疗保险制度，统一城乡基本医疗保险制度，将成为促进劳动力在城乡间有序流动的有力措施。

目前我国社会养老保险制度多轨并行，要实现真正的城乡一体化仍存在很大的困难，城乡居民养老保险采取个人缴、集体助和政府补的方式，城乡居民不同人群收入差距较大是长期存在的事实，个人的收入可能会影响到居民的养老水平，另外，政府的财政投入对于保障的均等化也是一项大问题。除了新农保和城居保，还有城镇职工、公务员和事业单位等人员的养老保险也处于制度分割状态，要加快推进不同群体之间的公共服务水平均等，需要有实质性的改革来推进制度并轨，打破城乡二元制度，努力实现全体居民享受公平的待遇和保障。

2. 给予农民工在城市里的市民待遇

农民工劳动力的流动大部分呈现候鸟式迁徙，没有固定的目标，难以在现工作的地区扎根。而劳动力流动之所以呈现这样的流动方式，除了公共服务缺失、社会保障体系的不健全之外，另一大问题就是农民工子女的教育问题。2006年3月28日，《国务院关于解决农民工问题的若干意见》（国发〔2006〕5号）要求"保障农民工子女平等接受义务教育"。要求"城市公办学校对农民工子女接受义务教育，要与当地学生在收费、管理等方面同等对待，不得违反国家规定向其加收借读费及其他任何费用"。

户籍制度遗留的问题是"依户籍地就近入学"而非"依居住地入学"。现推行的"两为主"的政策则是"以流入地为主，以公办学校为主"，目前这个政策基本得到了落实，2013年国家财政性教育经费保障随迁子女就学的比例达到83.5%，然而高层次的教育更成为农民工子女的客观需求。2012年，异地高考三大准入条件，具体包括：家长工作稳定有房上保险、学生要在迁入所在地就读及城市发展需要这个行业群体。国家层面尚未出台随迁子女的异地中考政策，而是地市级政策先行。

在2015年5月8日国务院批转的发展改革委员会的《关于2015年深化经济体制改革重点工作意见》中，文件强调落实考试招生制度改革，改进招生计划分配方式，提高中西部地区和人口大省高考录取率，增加农村学生上重点高校人数，完善中小学招生办法破解择校难题，开展高考综合改革试点；深化省级政府教育统筹改革和高等院校综合改革；落实农民工随迁子女在流入地接受义务教育政策，完善后续升学政策；出台深化高校创新创业教育改革实施意见；制定职业教育校企合作办学促进办法；出台进一步鼓励社会力量兴办教育的若干意见。

虽然新政策一直在推出，但实际上，农民工子女在打工城市入学依然困难重重。即便勉强有学校可上,那也都是针对农民工子女的独立办学机构,其质量和管理参差不齐,同时也带有明显的歧视性,少有农民工子女能进入当地学生就读的校园,难以享受到城市里的优质教育资源。

在工业化与城镇化不断发展的今天,农民工的市民化成本仍是被人们忽略的部分,农民与市民由于户籍的区别,在居住、就业、公共服务等各个方面都享受着不同的待遇。尤其在就业制度方面,同工不同酬的现象比比皆是。还有诸如农民工居住条件、最低工资标准及工资的准时发放、工伤待遇等也都是当今农民工亟待解决的问题。

四 改变城市偏向的财政支付政策,缩小城乡收入差距

农民增收的问题是我国政府高度关注的"三农"问题之一,是消除农村贫困的关键及核心问题。由于我国广大农村大部分地区生态环境脆弱,生产条件薄弱,依赖自身发展有限。在很大程度上,财政转移支付成了贫困地区增收发展的主要渠道和依靠。长期以来,我国政府的财政转移支付一直偏重于城镇,而对农村的转移支付力度普遍偏低,这就在一定程度上制约了我国农村特别是中西部地区的经济发展,从而导致我国现阶段的地区差距增大,城乡居民的收入差距拉大,社会贫富差距越来越大。

1. 改变城市偏向的政策

中华人民共和国成立初期,由于实行重工业优先增长模式、重工业优先发展战略,国家经济工作重心逐步由乡村转向城市,农业、农村发展处于不利境地。工农产品价格"剪刀差"和粮食统购统销政策使得城乡产品长期处于不等价交换的状态。虽然农产品价格在实行粮食合同订购政策以后有所提高,但仍大大低于其价值和市场价格。农民种的粮食大多属于基础产品,基础产品价格偏低,而加工产品却价高利大。这就导致在实际劳动生产率大体相同的情况下,城乡居民收入差距较大。

我国城乡收入差距的快速扩大主要出现在20世纪90年代以后,由于改革开放后,国家实施先东南、后内地的发展模式及城市利益集团的压力和制度障碍,地区发展优惠政策一直向东南发达地区、大城市倾斜,随之吸引资金流、人才流、信息流、产业向东南沿海城市集聚,从而产生"马太效应",东西部,特别是中西部的城市与农村差距不断扩大。

现在,国家强调推行"工业反哺农业""城市支持农村",改变战略思路,使社会财富在初次分配时就做到公平,加上改变城市偏向的经济发展战略等一系列政府偏向政策,以此来缩小城乡收入差距。随着我国经济实力的不断增强,我国现在已经具备实施"工业反哺农业"的实力,也到了"城市支持农村"的关键时期和转型期。

充分发挥和利用政府具有导向性和强制性的政策作用,根据不同地区的地理和资源优势,制定不同的政策,提高研究的系统性和实用性,可以通过再分配政策、支农惠农政策来调节收入分配,调节经济资源在不同群体以及地区之间的分配。大力发展"三农",努力开发农村人力资源,加快农村劳动力转移,加大农业投入,加速实现农业产业化经营等是缩小城乡居民收入差距的重要途径。

2. 加大对农村和中西部的财政转移支付力度和惠农减贫政策支持力度

目前我国政府间转移支付制度存在很多问题,如财政转移支付种类过多、区域不平衡、城乡差别大、结构不尽合理、一般性转移支付比例较低、专项转移支付规模较大,特别是在教育、医疗、社会保障等公共服务方面,监督体系不完善,资金使用缺乏有效制约,制度设计有待完善。

财政转移支付方式对农民收入的影响主要体现在以下五个方面:第一,财政直接补贴大大提高了广大农村居民种植的积极性,"种粮直补"使农村居民家庭年收入增加;第二,转移支付方式的改变让广大农村居民外出务工人数大幅度下降;第三,财政直接补贴大大提高了广大农村居民的种植和养殖积极性;第四,提高了农村居民参加社保(购买社会和商业保险)的积极性;第五,促进了农村义务教育的发展转移支付方式的变化,提高了中小学适龄儿童的入学率,提高了农民和农村劳动力的文化素质，国家在教育方面的资金投入使农户入学儿童数量每年平均相对增加。

3. 关于财政转移支付问题的对策措施

①明确划分各级政府之间的事权与财权。②简化转移支付种类，优化转移支付结构；实行规范的转移支付形式；控制专项转移支付规模，扩大一般性转移支付比例；科学地界定各级政府的事权和支出范围。③建立规范化的转移支付制度，使不同地区的居民可以享受到水平基本相同的公共服务；缩小中西部地区与东部地区不断扩大的贫富差距；加大对农村、农业和农民的财政转移支付力度。④地方财政转移支付应重点突出，继续鼓励地区间横向转移支付，使横向转移支付多样化。从人均财政收入指标看，1993年，最高的上海市为1797元，最低的西藏为68元，上海是西藏的26倍；到了2003年，上海为10686元，西藏为455元，差距仍接近24倍，表明发达地区具备了对欠发达地区实行横向转移支付的能力，应鼓励地区间的横向转移支付。⑤广开税源，严格征收制度，确保财政收入持续增长。⑥强化财政转移支付资金的管理；转变政府职能，树立服务意识；努力配合中央政策，切实解决农民收入增长的问题。浙江"两保两挂"政策把县里的财政收入增长与补助、奖励挂钩，较好地解决了分税制财政体制下关于贫困地区的转移支付问题，建立了着眼于发展的新型转移支付制度（冉丛波，2008）。

五　加快城市化进程，合理引导劳动力向城镇流动的改制举措

2015年下半年以来，我国部分城市房价快速上涨，数据显示，2016年上半年，房地产行业的同比增幅在各行业中位居第一，尤其是一些大城市，楼市行情火热。这一现象引发公众、各大媒体及上层政府的强烈关注。在最近举行的"中国宏观经济论坛"上，业内专家表示，一、二线城市房价上涨原因之一在于城市化失衡。人口大量涌入大城市是导致这些城市房价高涨的一个重要原因，有序推进"特大镇改市"，吸引要素

从大城市回流,既可以起到促进房价回归理性的作用,又能引导农村劳动力"离土不离乡",就近就业,是减轻大城市压力的重要举措。"村改镇""镇改市"的城镇化改制举措呼之欲出。

从表8.1的数据可以清晰地看出,2015年农民工本地打工的比重增长2.7%,远大于外出(跨省)农民工的增长速度(0.4%)(见表8.1)。从而也反映当今劳动力流动的新动向,十年前蜂拥珠三角、长三角的景象已逐渐消失,户籍问题、市民待遇、高生活成本、远离家人的困惑已成为影响农民工工作地选择的重要因素,加上沿海城市产业结构调整和转移、内地工资水平的提高,在工资水平差别不大的情况下,农民更愿意选择离家近的地方就业。这也就不难理解如今沿海城市出现"民工荒"现象的原因了。

表8.1 农民工数量及构成

单位:万人,%

	2015年	2014年	增长	增长
农民工总量	27747	27395	352	1.3
其中:外出农民工	16884	16821	63	0.4
本地农民工	10863	10574	289	2.7

资料来源:《2015年农民工监测调查报告》。

我国经历了从1978年33%的城市化率到2015年56.1%的城市化率的高速发展,虽然我国的城市人口快速增加,但是城市的数量在减少,特别是小城市的数量在减少。美国的城市化率从20%提升到70%的时候,城市数量从300多个增加到2700多个;日本的城市化率从30%提升到70%时,城市数量从160多个增加到650多个;中国的城市化从31%提升到55%的时候,城市数量从668个减少到了652个。特别是小城市在减少,大城市人口严重膨胀,高房价已经成为制约青年人创业、企业创新的障碍,实体经济严重滑坡,"农民工"这个中国社会特有的标签,代表着中国改革开放以来,伴随和见证中国城市化迅猛发展与建设进程的特殊群体,这些为中国城市无数美丽光鲜的高楼大厦流汗甚至流血的"农民工"及"二代农民工"本身却是生活在城市最底层的群体。但是,仍然还有不断前仆后继的新生代"农民工"向资源高度集中的大城市涌来。其住房、社保、医疗、后代教育都不能与城市居民相提并论，"农民工"面临城市里找不到归属感，农村也回不去的命运。他们中的大部分都有这样一个愿景，趁年轻力壮的时候到大城市打工挣钱，然后回乡盖房养老。一方面，由于中国农村自然、环境、交通等生存条件差别很大，不少生存条件差的村庄逐渐萧条荒凉，成了"空心村"。农民选择用脚对自己的家乡投票，尽管情感上不舍，跟随父母常年在外打工或就在父母打工的城市出生的农民工的新一代，已经想不起，也不可能回到农村。另一方面，大城市房价遥不可及，找不到归属感，而离家乡近的，生活条件、交通、医疗等基础设施都优于农村的县城或镇，往往是他们最为理想的置业和安居之处。如果政府能在小城镇建设上下足功夫，就可以承接本地农村一大部分劳动力和农村人口的转移。当然，产业的导入依然是小城镇持续发展和繁荣的关键。

市镇建设是城镇体系最大的短板。目前，我国镇区人口超过10万人的特大镇有238个，超过5万人的有885个。一些镇从规模看是城市，但名义上还是"镇"，其软硬件等建设相对滞后，要素配置与经济规模不匹配、管理力量与城镇规模不匹配、执法权限与管理需求不匹配、生活品质与居民需求不匹配，"小马拉大车"的现象制约了小城镇的城市化发展。如浙江省龙岗镇就类似如此，华西村也早就不是以从事农业为主的真正意义上的农村。"特大镇改市"、"村改镇"及"镇改县或市"已势在必行（白南生，2009）。

我国目前有3000多个县，4000多个镇，推进"特大镇改市"要做好"强基""扩权""赋能"。一是要"强基"，要以人为本，产业兴城，要完善基础设施的硬件和公共服务的软件，预防"空城计"；二是要"扩权"，有的县人口已经四五十万人，就应该把县的财权、地权、人权、事权、发展规划权扩大到特大镇；三是要"赋能"，现在的"镇"还是按农村的管理办法在管，一定要按照城市的管理办法，要赋予其城市管理的职能。

当然"特大镇改市"可能会增加行政层级，进而增加编制人数，增加行政成本。建议采取横向大部制、纵向扁平化的管理模式。同时"镇改市"不能改成县级市，而要改为县管市或县辖市，从而起到控制成本的作用。"镇改市"后能有效吸引人口、资金等要素从大城市回流。

据浙江省调查，龙岗"镇改市"正在积极筹划进行中，一旦把龙岗镇改为龙岗市以后，大量民间资本会回流，浙商就会大量回归龙岗，所以"镇改市"不仅有利于农村人口的转移，也有利于促进城乡一体化和城乡协调发展。

六 放宽城市户口准入政策，为户籍制度改革提速

现代户籍制度是国家依法收集、确认、登记公民出生、死亡、亲属关系、法定地址等公民人口基本信息的法律制度，以个人为本位的人口管理方式，以保障公民在就业、教育、社会福利等方面的权益，传统户籍制度是与土地直接联系的，是一项基本的国家行政制度。

1958年1月9日，全国人民代表大会常务委员会通过的《中华人民共和国户口登记条例》正式生效。第十条第二款规定："公民由农村迁往城市，必须持有劳动部门的录用证明，学校的录用证明，或城市户口登记机关的准入的证明，向常住地户口登记机关申请办理迁出手续。"从此开启了中国城乡二元体制的施行，至今已有59年的历史，当年实行严格的户籍管理主要因为粮食等资源短缺，需优先保证城市工业、居民的供给，用廉价的农业原材料供应工业，实际上也是用农业补贴工业和城市，当代中国的户籍制度是计划经济体制的典型产物，已经成为经济社会发展的桎梏，与当今的经济、社会发展阶段极不相称，迫切需要进行改革。

户籍制度改革是指对以《中华人民共和国户口登记条例》为法律依据确立的一整套户口管理制度进行广泛深入改良的一项新举措，这是继20世纪80年代实行家庭联产承包责任制后又一次"解放"农民的改革。

2014年7月30日，备受关注的国务院《关于进一步推进户籍制度改革的意见》（以下简称《意见》）正式公布。《意见》公布以来，根据各

地实施意见，多地已划定新型户籍制度成型期限；从户口转移政策看，不少省份出台的户口迁移条件比国家的宽松；在人口管理方面，建立或完善新型户籍制度已成为共识，但依照当地不同情况，居住证的"成色"并不相同。国务院正式公布的《意见》，对最新的大中小城市、特大城市怎么落户的政策做了具体的解释，明确了具体的规范。部署深入贯彻落实党的十八大全会和中央城镇化工作会议关于进一步推进户籍制度改革的要求，促进有能力在城镇稳定就业和生活的常住人口有序实现市民化，稳步推进城镇基本公共服务常住人口全覆盖。《意见》的出台，标志着进一步推进户籍制度改革开始进入全面实施阶段。

《意见》就进一步推进户籍制度改革提出三方面共11条具体政策措施。一是进一步调整户口迁移政策。全面放开建制镇和小城市落户限制，有序放开中等城市落户限制，合理确定大城市落户条件，严格控制特大城市人口规模，有效解决户口迁移中的重点问题。二是创新人口管理。建立城乡统一的户口登记制度，建立居住证制度，健全人口信息管理制度。三是切实保障农业转移人口及其他常住人口合法权益。完善农村产权制度，扩大义务教育、就业服务、基本养老、基本医疗卫生、住房保障等城镇基本公共服务覆盖面，加强基本公共服务财力保障。

《意见》涉及农业人口转移的措施有以下方面。要求"统筹推进工业化、信息化、城镇化和农业现代化同步发展，推动大中小城市和小城镇协调发展、产业和城镇融合发展。统筹户籍制度改革和相关经济社会领域改革，合理引导农业人口有序向城镇转移，有序推进农业转移人口市民化"。"立足基本国情，积极稳妥推进，优先解决存量，有序引导增量，合理引导农业转移人口落户城镇的预期和选择。""尊重城乡居民自主定居意愿，依法保障农业转移人口及其他常住人口合法权益"，"到2020年，基本建立与全面建成小康社会相适应，有效支撑社会管理和公共服务，依法保障公民权利，以人为本、科学高效、规范有序的新型户籍制度，努力实现1亿左右的农业转移人口和其他常住人口在城镇落户"。据国统局数据，2011年，城镇人口达到69079万人，乡村人口达65656万人，城镇人口首次超过农村。未来，最多1亿农民就能解决粮食问题，现有的6亿农民，还有5亿人有待转移。

《意见》切实保障农业转移人口及其他常住人口合法权益。

（1）完善农村产权制度。土地承包经营权和宅基地使用权是法律赋予农户的用益物权，集体收益分配权是农民作为集体经济组织成员应当享有的合法财产权利。加快推进农村土地确权、登记、颁证，依法保障农民的土地承包经营权、宅基地使用权。推进农村集体经济组织产权制度改革，探索集体经济组织成员资格认定办法和集体经济有效实现形式，保护成员的集体财产权和收益分配权。建立农村产权流转交易市场，推动农村产权流转交易公开、公正、规范运行。坚持依法、自愿、有偿的原则，引导农业转移人口有序流转土地承包经营权。应根据党的十八届三中全会精神，在尊重农民意愿的前提下开展试点。现阶段，不得以退出土地承包经营权、宅基地使用权、集体收益分配权作为农民进城落户的条件。

（2）扩大基本公共服务覆盖面。保障农业转移人口及其他常住人口随迁子女平等享有受教育权利；完善就业失业登记管理制度，面向农业转移人口全面提供政府补贴职业技能培训服务，加大创业扶持力度，促进农村转移劳动力就业；将农业转移人口及其他常住人口纳入社区卫生和计划生育服务体系，提供基本医疗卫生服务；把进城落户农民完全纳入城镇社会保障体系，把在农村参加的养老保险和医疗保险规范并入城镇社会保障体系，完善并落实医疗保险关系转移接续办法和异地就医结算办法，整合城乡居民基本医疗保险制度，加快实施统一的城乡医疗救助制度；提高统筹层次，实现基础养老金全国统筹，加快实施统一的城乡居民基本养老保险制度，落实城镇职工基本养老保险关系转移接续政策；加快建立覆盖城乡的社会养老服务体系，促进基本养老服务均等化；完善以低保制度为核心的社会救助体系，实现城乡社会救助统筹发展；把进城落户农民完全纳入城镇住房保障体系，采取多种方式保障农业转移人口基本住房需求。

2016年9月19日，北京已取消农业和非农业户口区别，统一登记为居民户口，北京市关于《进一步推进户籍制度改革的实施意见》正式出台。之前山东省和天津市也取消了农业户口，同时还有其他近30个城市与省份已取消或正在准备中。北京虽已取消本地农业户口，但同上海、广州、深圳一线城市一样，准入门槛依然很高，目前对外来人口实施的是"居住证制度"。

农业与非农业户口的区别在于，农业户口的权益主要体现在宅基地和责任田，特别是在城市化过程中，农民因拆迁可以获得收益和补偿；非农业户口上附着的医疗、教育、养老、工作等其他"隐性城市福利"。在当今大城市房价高，就业困难的情况下，农民即便成为城市市民也是缺乏竞争力的。一味将农民转变为市民，是否就意味着农民将"失地"又"失业"？农民的利益有可能被某些利益集团剥夺，沦为城市新的贫困阶层，况且也会遭到农民的拒绝，现实中越来越多的农民并不愿放弃农民的身份，实际上也是不愿放弃附着于农民户口的土地权益。在我国快速城市化的进程中，如何实现几亿农民从农村到城市的转移？如何从制度上体现公平，杜绝腐败？如何真正保障底层农民的利益？考量着当地政府的良心和智慧。

改革是一个系统工程，需要户籍制度背后与之相关的社保、教育的联动改革。虽然我国中小城市目前已放开户籍限制，但现实中我国的人口流动只是单一的流动，即农村的人、财、物向城市流动，而城市户籍人口不能到农村买地买房，城市资源特别是民间资源无法流动到农村，农民的宅基地与承包地得不到市场价值体现和增值，农村变得越来越萧条，城乡差距越来越大。只有打破这种人为制度障碍，实现城乡资源的互动互通，才有可能真正实现城乡融合和协调发展。

对于文化程度偏低、技能不足的农民工来说，转移并安居到三、四线城市及农村周边的小城镇将是其最现实、最理想的选择，也符合"离土不离乡""家乡情结""记得住乡愁"的中国传统文化习俗，更有利于社会的安定、和谐，便于城市和乡村的治理。户籍制度的放开，《意见》的出台无疑为广大的农民工融入新的城市，成为城市新居民提供了新契机和政策、法律保障。居民制度不是剥夺农民的财产，而是给予农民平等的身份、平等的待遇，强调在一个国家国土范围内，所有人都是平等的身份，虽然具体实施过程依然任重而道远。

七 加快产业结构调整,提高农民工在第二、第三产业的就业比重

首先,尽管随着中国经济的发展,各行各业的科技含量都有不同程度的上升,就农业而言,基础设施不断完善,生产技术不断改进,农产品产量也有了较大幅度提高。但是,之前研究表明,农业就业人员数量同农业在国民经济中的比重极不相称,大量的人员滞留在生产率低、科技含量低的农业部门,是一种人力资源的浪费,这样既会导致农业就业人员的收入增长乏力,也会制约第二、三产业的发展,进而影响整个经济运行效率和人民生活水平的整体提升。此外,产业内部结构不合理,农业部门占整个产业的比重一家独大,林业、畜牧业、渔业等对产值贡献不多。

其次,第二产业承担就业压力大,创新驱动力不足。近年来,随着第一产业不断向外释放劳动力资源,第二产业承担了一部分就业压力。但是,由于资本密集型行业的进入门槛较高,农业释放出来的劳动力大多数流向了劳动密集型的低端加工制造业。而随着中国劳动力成本优势的逐渐丧失,劳动密集型产业面临着淘汰和转型升级的两难选择。若继续沿着原来的传统道路走下去,必然在世界范围内的激烈竞争中遭到淘汰;若要引进先进技术,促进产业的转型升级,必将有大批从业人员失业。如果不能妥善解决产业结构调整产生的悖论,将对整个经济社会的稳定运行产生严重的不良影响。另外,中国的制造业一方面表现为低端制造业产能过剩,另一方面表现为中高端制造业产能不足。特别是一些技术含量高、创新能力强的高增长行业发展仍处于初级阶段,龙头性的、具有国际影响力的高新技术企业凤毛麟角。在涉及国际民生的电力、通信、能源等部门,中国的发展也落后于发达国家。

最后,第三产业发展相对滞后,产业内结构失衡。尽管近年来中国第三产业发展势头正猛,且一跃超过第二产业在国民经济中的比重,成为主导产业,但从世界范围内来看,第三产业仍旧存在发展滞后、竞争

力低的特点。2015年中国第三产业增加值占国内生产总值比重超过50%，但是在发达国家这一数字已超过70%。中国的制造业在全球的比重已上升至1/4左右，与此相对，第三产业的比重还不足10%。这表明中国第三产业发展相对滞后，同制造业发展水平不匹配，会影响制造业的进一步发展。另外，我国的服务业主要集中在运输、旅游等传统领域，而金融、保险等资本密集型的现代服务业发展仍有很大的提升空间。特别是一些高技术附加值、高知识含量的新兴服务业的发展，更是严重不足，缺乏国际竞争力。从生产和生活性服务业角度划分，中国生产性服务业尽管近年来发展较快，但其所占比重较低，生活性服务业所占比重较高，这使得服务业对制造业的保障和推动作用有限。

第九章 结论

一 城乡差距指标测度、现状特征及原因探析

1. 对中国城乡收入差距的历史发展背景、趋势、现状进行了梳理

通过对比全国31个省区市（1978～2014年）城乡收入差异值的测度可以看出如下几点。

（1）改革开放之初的20世纪80年代我国城乡收入差距有缩小趋势，20世纪90年代以后逐渐扩大，2000年以后，差距增大明显，但2010年以后，差距缩小的趋势有所显现。未来发展态势有待进一步观察。

（2）各省区市的城乡差距变化趋势不一样，地域上表现为东、西部差距不同。发达地区差距更小，西部地区差距最大。其中北京、上海、天津、东三省、浙江、江苏差距最小；差距最大的有西藏、云南、贵州、甘肃、青海。全国31个省区市的城乡差距收敛一段时期难见成效，但如长三角这样的区域一体化明显，"俱乐部"收敛特征已经呈现。

2. 城乡收入差距影响因素探究

引起城乡差距扩大的因素很复杂，工业化进程引起的产业结构优化及转型、劳动力流动、城市化进程的提速、财政转移支付、教育投入、城乡居民财产性收入的不同等因素极大地影响城乡收入差距的变化。

（1）城市化率的提高对城乡收入差距的影响。1978年至今，我国城市化率不断提高，并且从2011年开始，城市化率高于50%。伴随着城市

化率高于 50% 并且不断增高，我国城乡收入差距从 2011 年开始缓慢下降。基本与库兹涅茨倒"U"形理论预测的，在城市化率达到 50% 时，有可能与出现收入差距缩小的拐点的情形相吻合。

（2）产业结构优化，第三产业比重的提升对城乡差距的影响。自 1978 年以来，我国产业结构总体上呈上升趋势，第三产业增加值的比重呈上升趋势。2010 年以后，第三产业相对比重上升较快，与此同时，城乡收入差距有所下降。说明随着我国人均 GDP、第三产业比重的进一步提升，尤其当第三产业超过第二产业比重以后，将迎来城乡收入差距的缩小拐点。

（3）财政转移支付对城乡差距的影响。1978～2000 年，我国财政支出增长缓慢，偏向农村的转移支出不足，城乡收入差距在 20 世纪 80 年代有所下降，20 世纪 90 年代以来一直是曲折上升的趋势。2000 年以后，财政支出迅速增长，出现缓慢的降低趋势。国家为加强财政转移支付，于 2006 年开始全面取消农业税，帮助农民减轻负担。精准扶贫等政策的出台与落实，及各个省份的横向转移支付帮衬，也无疑大大推动了农村和农业的发展，特别是中西部农民收入的提高。

（4）教育支出对城乡收入差距的影响。2007 年至今，我国教育支出不断增长，伴随着教育支出的增长和人均 GDP 的迅速提高，从 2010 开始，城乡收入差距也明显缩小。国家加大对城乡教育的支出，特别是在农村实行义务教育免费，又加强农村劳动力的技能、就业培训、创新创业扶持等人力资源的开发，大大提高了农民的素质和劳动技能，对农民工流动和城市再就业以适应产业升级和提高农民收入的作用显著。

二 农民进城背景下劳动力流动与城乡收入差距研究

1. 梳理劳动力流动的概念与动因、背景与现状

改革开放以来的劳动力流动主要是农村剩余劳动力基于生产率及城乡差异的工资回报率的自觉经济行为，是人力资源在空间上在农村与城市之间的自发、有效的流动和配置。城乡预期收入差异是背后劳动力流动和迁移的根本动力和最直接的原因。

截至 2016 年 2 月，我国农村有 1 亿~1.2 亿的剩余劳动力（资料来源于农业部课题组）有待转移。农村劳动力流失现象严重，不少农村荒芜化现象越来越严重，这既不利于城乡协调发展，也威胁我国农业的发展和粮食安全。

劳动力流动特征：其一，规模大、范围广、时间跨度长。近十年净增 1 亿人，几乎涉及全国所有省份，跨省、跨区域、跨县乡镇，从 20 世纪 80 年代初到现在 30 多年，从而派生出城市"农二代""新生代农民工"这种具有时代特征的新名词。

其二，流动方向大部分是从中、西部农村流向东部沿海大城市，集聚于长三角、珠三角、环渤海湾、成渝城市群、武汉长沙圈、西安等各省会城市周围。

其三，近十年来，由于国家政策的支持，中、西部自身的发展及承接东部产业的梯度转移，出现农民工回流现象。伴随着户籍制度的松动，土地流转政策的推进，发达地区或大的都市圈周围的农村劳动力回流将成为新的动向。

2. 劳动力流动对城乡收入差距的影响实证研究——来自安徽阜阳的案例分析

基于安徽阜阳地区 2002~2011 年数据，探究阜阳地区农村劳动力转移和阜阳市城乡收入差距间的影响机理及原因，对安徽等中部地区乃至全国中、西部农村的劳动力转移都有着重要的示范效应，为当地政府城乡区域发展规划及政策制定提供一定的依据。通过研究得出如下结论。

（1）阜阳市农村劳动力转移与城乡收入差距呈正相关

阜阳作为全国的劳务输出大市，从事技术含量低、低收入务工人员，与快速增长的高收入城镇居民无法相比。

（2）城市化率和城乡收入差距呈显著的正相关

虽然阜阳被称为崛起的"小上海"，城市建设突飞猛进，但城镇化进程依然处于扩大城乡差距的初级阶段。

（3）第一产业产值占 GDP 比重和城乡收入差距呈正相关

实证表明，降低阜阳第一产业的产值或减少从业农民将有利于城乡差距的缩小。所以我们应该加快农村劳动力向城市，向第二、第三产业转移。

（4）地方财政支出占GDP比重和城乡收入差距呈负相关

近年来，财政支出偏向与民生有关，"村村通""新农合"这些惠民、精准的扶贫政策的出台都极大地提高了农民收入。

3. 劳动力流动的效应分析：劳动力流动对农民收入的提高、农村和农业的发展、城市管理和就业的影响

（1）劳动力流动对农村居民收入的影响

寻求较高的收入是农民外出务工的根本原因，也是唯一动力，因此外出务工的最直接效果是促进了农村居民的收入增长。

（2）劳动力流动对农业、农村经济发展的影响

一是调节了社会劳动力结构，拓展农村剩余劳动力就业市场。随着开放性劳动力市场的建立，以市场为导向的人口流动促进了社会劳动力结构的合理配置。

二是提高了农民的素质和技能，引进了资金，促进了城乡技术和信息的交流。因为技术革新和产业升级而使得劳动力的就业门槛提高，通过农民参与城市就业的竞争，也促使农民工提高其自身技能和竞争力。同时，为农村农副产品的生产和销售市场的信息沟通搭起桥梁。

三是为促进传统农业向现代化农业转型提供了条件。随着土地流转政策的实施，大批的劳动力长期外出务工，流转土地。农业生产和土地利用将向更加集约化、高效化、市场化和现代化迈进。未来农业种植、生产和发展将向专职农户或合作社或企业承包的现代农业模式转型。

四是农业生态环境得以保护。由于大量劳动力外出务工，减少了对农村资源的消耗，自然生态环境得以大大改善。

五是农村劳动力的流失也给农业发展和农村带来负面效应。劳动力短缺，生产能力不足，农地荒芜化，农业基础受到挑战的同时，村庄开始荒凉化，例如留守儿童缺失教育与亲情、农村家庭稳定等社会问题，也考验着当今农村村级治理。

（3）劳动力流动对城市管理、就业的冲击

一方面为流入地的经济发展和GDP提升做出了巨大贡献，为城市带

来了活力,提升城市消费。同时,人口的激增也给交通、治安、环境卫生、教育、医疗都带来了压力。另外,因我国经济体制改革、产业结构升级和调整,劳动密集型产业出现结构性失业。如何进行制度创新,如何加强基础设施和公共领域的建设,将考验着政府管理理念和治理城市的能力。

三 城市化进程对城乡收入差距的影响

1. 梳理我国城镇化发展曲折历程

从发展思路、发展阶段、发展水平上总结我国城市化特征。城市化是工业化的结果,但我国城市化严重落后于工业化。没有工业发展带来的对劳动力的需求和就业增长就不可能有大量农民进城,所以城市化率的提高一定伴随着工业的发展和产业的提升。

2. 定量研究浙江省城镇化与城乡收入差距的影响

利用计量方法定量分析城镇化对浙江省城乡收入差距影响的程度、中长期的影响效果。城镇化对城乡收入差距的拉动效应在初期阶段呈加速上升态势,但从长期来看,城镇化水平的提高对城乡收入差距具有"收敛性"。

在工业化进入转型升级的新时期,城镇化是大势所趋,历史必然。但是如何加速推进城镇化,合理引导劳动力转移和流动,政府需要重视"三农"问题,加大对农村的投入,调整产业结构使其升级,引入新兴产业,在扩大就业渠道等方面进行制度创新,制定更多切实可行的政策和措施。

四 产业结构调整、经济一体化对城乡收入差距的影响
——以长三角地区(16个城市)为例

1. 对长三角地区(16个城市)城乡收入一体化的实证分析

分析发现,在经济发达、结构相似的长三角地区,城乡收入差距明显低于全国平均值。2009年以后长三角城乡一体化步伐加快,收入差距

的"俱乐部"收敛迹象已经显现。

2. 长三角城乡差距收敛影响因素分析

从产业结构、城市化水平、财政转移支付、教育投入方面来考察其对城乡差距的影响，除了财政转移支付，其他因素对城乡收入差距都是正相关。研究发现对于发达地区，城乡差距的减少并不依赖政府的财政转移支付，更多的可能是依赖农民自身竞争能力加强，财产性收入的提高。

3. 平抑城乡收入差距的路径选择及政策建议

（1）产业转移、政府政策导向对区域间的要素流动会产生重要的影响。长三角本地工业和服务业部门的扩张、农业不断被改造和升级，既增加劳动力的就业机会，又加快农村劳动力向高收入的本地工业和服务业的转移。

（2）工业化和城市化达到一定阶段以后，政府实施反哺的主要途径应该是扩大公共财政在农村的覆盖面和增加农村公共产品的供给，提高农民劳动技能和农业生产率，增加农民收入，缩小城乡差距。

（3）长三角地区政府有关部门应积极实现政策联动，这样才能实现上海与长三角地区经济发展的协调和共赢。

（4）通过对城乡区域收入差距与三次产业结构、城市化、政府行为的作用机理及演变规律的分析，得出：第二、第三产业的转移→三次产业结构变迁→城市化（劳动力流动）→差异缩小，这是平抑城乡收入差距的有效路径。因为第二、第三产业向上海周边长三角及中、西部转移，长三角城市群的产业集聚，导致了城市的扩张和产业的升级和调整。农民向城市（城镇）的流动及非农产业的转移，成为最直接、最有效的平抑差异的路径。加快发达地区产业结构的升级调整，加速城乡融合、区域一体化进程对缩小城乡差距的影响明显。

五 基于农民财产性收入的土地流转政策与农民增收研究

缩小城乡收入差距，一方面是加强农村剩余劳动力的转移，另一方面发展农业经济，增加农民在土地产出上的收入，特别是增加农民财产性收入。城乡居民收入差距中最大的差距实质上就是财产性收入,提高农民家庭财产性收入占比是缩小城乡收入差距的关键举措和重要路径,所以土地流转制度的试点和推行势在必行。

首先梳理土地流转的概念、方式、背景、历史发展及现状、作用和意义。然后探讨分析了土地流转对农民收入的影响因素,具体有以下几点。

(1) 土地流转中的契约问题对农民收入的影响。

关于土地流转中的产权、契约有四个方面的问题:流转合同不规范;流转程序不合规;流转期限过长、流转价格过低;自行流转不符合规划。

第一,由于当前大多数土地流转的"非正式"关系,使得农民的土地流转具有短时性和不稳定性的特点。这种契约关系对农民的收入有不确定性影响。

第二,长期以来,农民务工劳动报酬也具有不稳定性,当农民在非农领域的收入遭遇风险时,农村的土地不足以作为经济风险的资产。由于土地流转规模总体偏小,价值偏低,产权流转困难,无法形成对农村非农就业的资金支持。

(2) 流转程序和价格、农产品价格变动对收入分配的影响。

土地经营权转让价格相差极大。当前最要紧的是建立规则,统一交易市场,以公平的规则确定价格。加强监督手段和法律约束,保障在定价能力、谈判能力处于劣势的农民的利益不被垄断集团和利益集团操纵和剥夺。提升交易效率是第二位的任务。

(3) 土地流转规模与农民收入增长。

土地流转使得转入户扩大经营规模,有利于其发展现代化农业,提高土地利用率,有效增加转入户的劳动力平均收入。各个时期土地流转的规模效率以及相关制度等对农民的收入造成不同程度的影响,从长期来看这种关系是呈倒"U"形的。

(4) 土地流转成本与农民收入增长。

产权流转需要花费一定的成本和代价,土地在流转交易中产生的成本包括搜寻和信息费用、谈判和决策费用、监督费用和合约的义务履行费用。由于我国对土地产权的界定不是非常明确,一般而言,农地产权越不明晰、交易规模越大、交易频率越高，其风险就越大，市场越不完善，交易成本就越高。

六　基于农民财产性收入的农村集体经营性建设用地入市、收益改革政策分析

——基于沪浙川试点的调查

以上海市松江区、浙江省德清县、四川省郫县为试点，对其在政府职能的定位、交易方式、土地增值收益调节金收取、收益分配使用上进行了探讨。对其分配制度及改革进行了比较，对试点分配机制改革中的问题进行了深入剖析，并提出完善和加强收益分配机制建设的策略。

七　有效平抑城乡收入差距的策略及政策建议

从引导农民工返乡创业、劳动力回流、土地流转制度的完善及实践，加快城市化进程、产业结构调整，合理引导劳动力向城镇流动，加快户籍制度改革，打破人为阻碍城乡资源互动、互通的制度瓶颈，实现城乡融合和协调发展等方面来平抑城乡收入差距。

参考文献

敖荣军，2005，《制造业集中、劳动力流动与中部地区的边缘化》，《南开经济研究》第 1 期。

白南生，2009，《农民的需求与新农村建设：凤阳调查》，社会科学文献出版社。

白永秀、周江燕、吴振磊、吴振磊等，2013，《中国省域城乡发展一体化水平评价报告（2012）》，中国经济出版社。

蔡昉、都阳、王美艳，2003，《劳动力流动择业与自组织过程中的经济理性》，《中国社会科学》第 4 期。

蔡昉、王德文，2005，《经济增长成分变化与农民收入源泉》，《管理世界》第 5 期。

蔡昉、王德文、都阳，2001，《劳动力市场扭曲对区域差距的影响》，《中国社会科学》第 2 期。

蔡昉、杨涛，2000，《城乡收入差距的政治经济学》，《中国社会科学》第 4 期。

蔡海龙，2010，《城乡居民收入差距的表现及其决定因素的实证研究》，《农业经济》第 1 期。

陈小方、李主其、杜富林，2015，《欧洲农业合作社的发展对中国的启示——以北欧的丹麦为例进行分析》，《世界农业》第 6 期。

陈秀山，2005，《中国区域经济发展问题研究》，商务印书馆。

陈学明、王喜梅主编，2015，《城乡一体化视角下新型城镇化改革研究》，西南交通大学出版社。

陈永清，2005，《销售主管绩效考评指标体系的设计研究》，《江苏大学学报》第8期。

陈宗胜、周云波，2002，《城镇居民收入差别及制约其变动的某些因素——就天津市城镇居民家户特征的影响进行的一些讨论》，《经济学》第2期。

陈宗胜、周云波，2002，《中国的城乡差别及其对居民总体收入差别的影响》，《南方论丛》第2期。

程开明、李金昌，2007，《城市偏向、城市化与城乡收入差距的作用机制及动态分析》，《数量经济技术经济研究》第7期。

方芳，2008，《农地规模经营实现途径研究——基于上海城乡一体化演进视角》，上海财经大学出版社。

高玲芬，2008，《浙江省城乡收入差距统计研究》，博士学位论文，浙江工商大学经济统计学学院。

桂琦寒、陈敏、陆铭、陈钊，2006，《中国国内商品市场趋于分割还是整合：基于相对价格法的分析》，《世界经济》第2期。

郭军华，2009，《中国城市化对城乡收入差距的影响——基于东、中、西部面板数据的实证研究》，《经济问题探索》第12期。

郭磊，2014，《德国农业法律政策的演变、特点与启示：以合作组织和土地规划为例》，《世界农业》第8期。

国家经贸委国有企业改革研究组，《国有企业改革任重而道远》，《经济日报》2001年7月3日。

国家统计局农村社会经济调查总队，2013，《中国农村经济调研报告》，中国统计出版社。

韩留富，2007，《长三角地区城乡居民收入差距扩大的现状、原因与政策建议》，《经济纵横》第6期。

韩留富，2009，《长三角城乡居民收入差距不断拉大》，《中国经济报告》第3期。

韩啸，2015，《土地流转与农民收入增长、农户最优经营规模研究——以湖北、江西山地丘陵区为例》，《农业现代化研究》第3期。

贺建风、刘建平，2010，《城市化、对外开放与城乡收入差距——基于

VAR 模型的实证分析》，《新疆社会科学》第 2 期。

贺建清，2013，《城乡二元金融结构与城乡收入差距——基于改革开放 30 年的实证研究》，《广东财经大学学报》第 4 期。

胡豹，2012，《金融支持农民工返乡创业研究》，《企业经济》第 1 期。

胡初枝、黄贤金，2007，《农户土地经营规模对农业生产绩效的影响分析——基于江苏省铜山县的分析》，《农业技术经济》第 6 期。

黄国华，2010，《农村劳动力转移与城乡收入差距的研究——来自全国 29 个省市的经验数据》，《北京理工大学学报》（社会科学版）第 2 期。

黄素心、王春雷，2009，《农村居民收入差距的演变与收敛——基于省际数据的实证研究》，《广西民族大学学报》第 6 期。

季秉文，2010，《城乡一体化发展论》，甘肃文化出版社。

贾小玫、周瑛，2006，《对缩小城乡收入分配差距的思考》，《财经科学》第 4 期。

雷育胜、王坤钟，2009，《关于返乡农民工创业问题的实证研究》，《广东农业科学》第 10 期。

李江涛、张杨勋、罗连化，2013，《市场化、城镇化与城乡收入差距——基于空间动态面板模型的实证分析》，《经济数学》第 1 期。

李实、罗楚亮，2007，《中国城乡居民收入差距的重新估计》，《北京大学学报》（哲学社会科学版）第 2 期。

李实、赵人伟、张平，1998，《中国经济改革中的收入分配变动》，《管理世界》第 1 期。

李晓俐、陈阳，2010，《德国农业、农村发展模式及对我国的启示》，《农业经济展望》第 3 期。

李中，2013，《农村土地流转与农民收入——基于湖南邵阳市跟踪调研数据的研究》，《经济地理》第 5 期。

林毅夫、刘明兴，2003，《中国的经济增长收敛与收入分配》，《世界经济》第 8 期。

林毅夫、刘明兴，2004，《经济发展战略与中国的工业化》，《经济研究》第 7 期。

刘安国、杨开忠、谢燮，2005，《新经济地理学与传统经济地理学之比较研究》,《地理科学进展》第 10 期。

刘文、房光婷,2010,《珠三角、长三角、环渤海区域城乡居民收入差距研究》,《云南财经大学学报》第 1 期。

刘祥东,2008,《土地流转和政府职能对农业专业化经营的影响——以山东省安丘市大樱桃品牌的塑造为例》,《经济研究导刊》第 13 期。

刘易斯,1989,《二元经济论》,北京经济出版社。

卢燕平,2012,《城乡联系、社会资本与我国经济发展研究》,经济科学出版社。

陆铭、陈钊,2004,《城市化、城市倾向的经济政策与城乡收入差距》,《经济研究》第 4 期。

吕力、高鸿鹰,2005,《我国地区收入差距的环境效应分析》,《中国软科学》第 4 期。

吕炜、孙永军、范辉,2010,《社会公平、财政支农与农村消费需求》,《财经科学》第 1 期。

罗明忠、刘恺,2015,《农业生产的专业化与横向分工：比较与分析》,《财贸研究》第 2 期。

马颖、朱红艳,2007,《地区收入差距、剩余劳动力流动与中西部城镇化战略——基于中国区域发展的经验对托达罗-菲尔茨模型的扩展》,《福建论坛》(人文社会科学版) 第 3 期。

聂文静、李太平,2015,《农产品价格与生产成本上升背景下的农户土地流转行为研究》,《农林经济管理学报》第 5 期。

庞新军,2014,《交易成本、土地流转与收入增长关系的实证研究》,《统计与决策》第 13 期。

冉丛波,2008,《财政转移支付对农民收入的影响研究》,硕士学位论文,西南大学区域经济学专业。

宋士云,2013,《2002~2010 年我国居民收入实证分析》,《河南大学学报》(社会科学版) 第 2 期。

宋伟轩、陈雯、彭颖,2013,《长三角区域一体化背景下城乡收入格局演变研究》,《地理科学》第 9 期。

孙久文,2005,《区域经济规划》,商务印书馆。

万广华、陆铭、陈钊，2005，《全球化与地区间收入差距：来自中国的证据》，《中国社会科学》第 3 期。

王春超，2011，《农村土地流转、劳动力资源配置与农民收入增长：基于中国 17 省份农户调查的实证研究》，《农业技术经济》第 1 期。

王春超、李兆能，2008，《农村土地流转中的困境：来自湖北的农户调查》，《华中师范大学学报》（人文社会科学版）第 4 期。

王少平、欧阳志刚，2007，《我国城乡收入差距的度量及其对经济增长的效应》，《经济研究》第 10 期。

王小鲁、樊纲，2004，《中国地区差距：20 年变化趋势和影响分析》，经济科学出版社。

威廉·配弟，2014，《政治算数》，陈冬野译，商务印书馆。

魏后凯，1996，《中国地区间居民收入差异及其分解》，《经济研究》第 11 期。

闻海燕、董亚珍，2010，《浙江农村土地承包经营权流转形式的创新及效应》，《开发研究》第 2 期。

吴奇志、方文红，2006，《安徽省主要农产品比较优势分析》，《安徽农学通报》第 11 期。

吴雨坤，2014，《规范转移支付 构建现代财政》，《宏观经济管理》第 8 期。

夏莉艳，2010，《农村劳动力流动与城乡收入差距：基于模型的分析》，《生产力研究》第 10 期。

向艾，2012，《中国农产品动态比较优势与贸易结构分析》，《农业展望》第 2 期。

肖娥芳、祁春节，2015，《农地制度变迁、政策支持及美国家庭农场发展》，《世界农业》第 12 期。

谢晖颖，2010，《金融危机下返乡农民工就业问题分析》，《现代商贸工业》第 2 期。

熊桉，2009，《农民工返乡创业与中部新农村建设——基于资源配置的分析》，《经济社会体制比较》第 5 期。

熊婕、腾洋洋，2010，《农村异质性劳动力转移对城乡收入差距的影响机制与检验——基于刘易斯二元经济理论的推理和实证分析》,《中国人口科学》第 S1 期。

徐同文,2011,《城乡一体化体制对策研究》,人民出版社。

许庆、尹荣、梁章辉,2011,《规模经济、规模报酬与农业适度规模经营——基于我国粮食生产的实证研究》,《经济研究》第 3 期。

薛泽林、郑扬,2012,《农民工回乡创业是解决空心村问题的重要途径——以北京郊区新农村为分析对象》,《中国劳动关系学院学报》第 1 期。

亚当·斯密,1972,《国富论》,高格译,商务印书馆。

杨钢桥、胡柳、汪文雄,2011,《农户耕地经营适度规模及其绩效研究——基于湖北 6 县市农户调查的实证分析》,《资源科学》第 3 期。

杨眉等,2006,《改革开放以来我国城镇居民收入区域差距变动实证研究》,《软科学》第 6 期。

姚涛,2010,《土地流转对县域农业产业化发展的影响研究——以陕西省大荔县为例》,《安徽农业科学》第 34 期。

姚耀军,2005,《金融发展、城市化与城乡收入差距——协整分析及其 Granger 因果检验》,《中国农村观察》第 2 期。

姚枝仲、周素芳,2003,《劳动力流动与地区差距》,《世界经济》第 4 期。

叶琪,2006,《论农村劳动力转移与产业结构调整互动》,《财经科学》第 3 期。

尹亚姝、徐伟根、吕学敏,2010,《农村土地承包经营权流转制度研究——以嘉兴市"两分两换"土地流转方式为例》,《中国经贸导刊》第 14 期。

曾国安,2007,《论工业化过程中导致城乡居民收入差距扩大的自然因素与制度因素》,《经济评论》第 3 期。

张国富、张颖举、赵意焕、杜小峥,2011,《城乡一体化新趋势与协调机制构建》,中国农业出版社。

张红宇,2004,《城乡居民收入差距的平抑机制:工业化中期阶段的经济增长与政府行为选择》,《管理世界》第 4 期。

张㛃、方天堃,2007,《我国城乡收入差距变化与经济增长的协整及因果关系分析》,《农业技术经济》第 3 期。

张藕香、张军政，2007，《我国区域不均等：分解方法与实证分析》，《北京理工大学学报》（社会科学版）第2期。

张庆、管晓明，2006，《单纯依靠农村剩余劳动力转移并不能缩小城乡收入差距》，《经济纵横》第3期。

张士云、江激宇、栾敬东、兰星、天方迪，2014，《美国和日本农业规模化经营进程分析及启示》，《农业经济问题》第1期。

张秀娥、王冰、张铮，2012，《农民工返乡创业影响因素分析》，《财经问题研究》第3期。

赵伟、李芬，2007，《异质性劳动力流动与区域收入差距：新经济地理学模型的扩展分析》，《中国人口科学》第1期。

郑彩祥，2008，《我国农业劳动力转移对城乡收入差距影响的实证分析》，《农业经济》第12期。

朱长存、王俊祥、马敬芝，2009，《农村劳动力转移、人力资本溢出与城乡收入差距》，《宁夏社会科学》第3期。

朱长存、王俊祥、马敬芝，2009，《农村劳动力转移、人力资本溢出与城乡收入差距》，《宁夏社会科学》第3期。

朱国林、范建勇、严燕，2002，《中国的消费不振与收入分配：理论和数据》，《经济研究》第5期。

朱云章，2012，《传统农区农村劳动力产业间转移影响城乡收入差距的实证分析——以河南为例》，《生产力研究》第7期。

诸文娟，2015，《美国农业政策与德国农业政策的比较》，《南方农业》第9期。

左常升，2015，《城乡一体化与减贫》，社会科学文献出版社。

Alesina, A. and Perotti, R. 1996. "Income Distribution, Political Instability, and Investment," *European Economic Review*, 40, 1203–1228.

Baumol, W. 1986. "Productivity, Growth, Convergence and Welfare: What the Long-run Data Show," *American Economic Review* 76, pp. 1872–1885.

Ben-David, Dan. 1997. "Convergence Clubs and Subsistence Economies," *Journal of Developmental Economics*, Vol. 55 (February), pp. 153–169.

Caterina Bummara. 2008. "States Responding to the Growing Income Gap",

Nation's Cities Weekly, Vol. Issue 17, pp. 617 – 618.

Dexter Roberts. 2007. "China's Widening Income Gap," *Business Week Online*, 2.

Haya El Nasser. 2007. "Income Gap Closes in Rural Suburbs," *USA Today*, 09/14.

Dickey, Fuller, 1974. "A Fractional Dickey-Fuller Test for Unit Roots," *Econometrica*, Vol. 70, No. 5 (September, 2002), 1963 – 2006.

Im, K. S., M. H. Peasaran, Y. Shin. 2003. "Testing for unit roots in heterogeneous panels," *Journal of Econometrics*, 115: 53 – 74.

Krugman, P. 1991. *Geography and Trade*. The MIT Press.

Leonhardt, David. 2008. "Closing Income Gap Tops Obama's Agenda for Economic Change," *New York Times*, 02, p. 11.

Mehmet Yorukoplu. 2002. "The Decline of Cities and Inequality," *The American Economic Review*, 5.

Tu, Simon. 2008. "Globalization and the American Income Gap: Assessing the Impact of Liberal Economics and Immigration on Inequality," *Conference Papers—Midwestern Political Science Association; Annual Meeting*, p. 1.

图书在版编目(CIP)数据

城乡收入差距分析及其治理：以农民进城为背景 / 杨竹莘著. -- 北京：社会科学文献出版社，2017.10
（华东政法大学65周年校庆文丛）
ISBN 978 - 7 - 5201 - 1329 - 8

Ⅰ.①城… Ⅱ.①杨… Ⅲ.①居民收入 - 收入差距 - 城乡差别 - 研究 - 中国 Ⅳ.①F126.2

中国版本图书馆CIP数据核字（2017）第213299号

华东政法大学65周年校庆文丛
城乡收入差距分析及其治理
—— 以农民进城为背景

著　　者 / 杨竹莘

出 版 人 / 谢寿光
项目统筹 / 杨桂凤　胡庆英
责任编辑 / 胡庆英　姚　敏

出　　版 / 社会科学文献出版社·社会学编辑部（010）59367159
　　　　　地址：北京市北三环中路甲29号院华龙大厦　邮编：100029
　　　　　网址：www.ssap.com.cn
发　　行 / 市场营销中心（010）59367081　59367018
印　　装 / 三河市尚艺印装有限公司

规　　格 / 开本：787mm × 1092mm　1/16
　　　　　印张：10　字数：154千字
版　　次 / 2017年10月第1版　2017年10月第1次印刷
书　　号 / ISBN 978 - 7 - 5201 - 1329 - 8
定　　价 / 59.00元

本书如有印装质量问题，请与读者服务中心（010 - 59367028）联系

▲ 版权所有 翻印必究